바이어슈트라스가 들려주는
수열의 극한 이야기

나소연 지음

NEW
수학자가 들려주는
수학 이야기
74

바이어슈트라스가 들려주는 수열의 극한 이야기

㈜자음과모음

추천사

수학자라는 거인의 어깨 위에서
보다 멀리, 보다 넓게 바라보는
수학의 세계!

수학 교과서는 대개 '결과'로서의 수학을 연역적으로 제시하는 경향이 강하기 때문에 학생들은 수학이 끊임없이 진화해 왔다고 생각하기 어렵습니다. 그렇지만 수학의 역사는 하나의 문제가 등장하고 그에 대해 많은 수학자가 고심하고 이를 해결하는 가운데 새로운 아이디어가 출현해 온 역동적인 과정입니다.

〈NEW 수학자가 들려주는 수학 이야기〉는 수학 주제들의 발생 과정을 수학자들의 목소리를 통해 친근하게 이야기 형식으로 들려주기 때문에 학생들이 수학을 '과거 완료형'이 아닌 '현재 진행형'으로 인식하는 데 도움이 될 것입니다.

학생들이 수학을 어려워하는 요인 중의 하나는 '추상성'이 강한 수학적 사고의 특성과 '구체성'을 선호하는 학생의 사고 사이에 존재하는 간극이며, 이런 간극을 줄이기 위해서 수학의 추상성을 희석시키고 수학 개념과 원리의 설명에 구체성을 부여하는 것이 필요합니다.

〈NEW 수학자가 들려주는 수학 이야기〉는 수학 교과서의 내용을 생동감 있게 재구성함으로써 추상적인 수학을 구체성을 갖는 수학으로 변모시키고 있습니다. 또한 중간중간에 곁들여진 수학자들의 에피소드는 자칫 무료해지기 쉬운 수학 공부에 윤활유 역할을 해 줄 것입니다.

〈NEW 수학자가 들려주는 수학 이야기〉의 구성을 보면 우선 수학자의 업적을 개략적으로 소개하고, 6~9개의 강의를 통해 수학 내적 세계와 외적 세계, 교실 안과 밖을 넘나들며 수학 개념과 원리를 소개한 후 마지막으로 강의에서 다룬 내용을 정리합니다.

이런 책의 흐름을 따라 읽다 보면 각각의 도서가 다루고 있는 주제에 대한 전체적이고 통합적인 이해가 가능하도록 구성되어 있습니다. 〈NEW 수학자가 들려주는 수학 이야기〉는 학교 수학 교과 과정과 긴밀하게 맞물려 있으며, 전체 시리즈를 통해 학교 수학의 많은 내용들을 다룹니다. 따라서 〈NEW 수학자가 들려주는 수학 이야기〉를 학교 수학 공부와 병행하면서 읽는다면 교과서 내용의 소화 흡수를 도울 수 있는 효소 역할을 할 것입니다.

뉴턴이 'On the shoulders of giants'라는 표현을 썼던 것처럼, 수학자라는 거인의 어깨 위에서는 보다 멀리, 넓게 바라볼 수 있습니다. 학생들이 〈NEW 수학자가 들려주는 수학 이야기〉를 읽으면서 각 수학자의 어깨 위에서 보다 수월하게 수학의 세계를 내다보는 기회를 갖기를 바랍니다.

홍익대학교 수학교육과 교수 |《수학 콘서트》저자 박경미

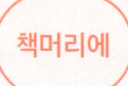

수의 나열 속에 숨어 있는 규칙을 발견하고
이를 표현하는 능력을 키워 주는
'수열의 극한' 이야기

무한은 요즘 TV 쇼 프로그램에서 자주 듣는 말이라 친근하게 느껴집니다. 하지만 처음 무한이라는 것을 접하고 연구한 수학자들은 '한없이, 끝없이, 계속되는…….'이라는 모호함 속에서 무한을 수학으로 받아들여야 할지 많이 고민했습니다. 천재 수학자라고 불리는 가우스조차 이것을 수학으로 인정하지 않으려고 했으니까요. 그래서 실생활에 꼭 필요한 숫자인 실수조차도 그 본질을 정확하게 정의하는 것은 한쪽으로 제쳐 놓은 채 그것을 이용한 다른 연구에만 몰두하는 수학자도 많았습니다. 하지만 바이어슈트라스는 실수의 본질, 실수의 완벽함을 밝혀 무한을 알고자 노력하였습니다.

바이어슈트라스와 다른 수학자들의 노력에 의해 비로소 실수 체계의 완벽함무모순성을 밝히게 되었고 실수와 관련된 자연수, 유클리드 기하까지 완벽함을 보일 수 있게 되었습니다. 또한 그때까지 어렵게 느끼기만 했던 무한소, 무한량을 수학적 기호로 나타내는 '입실론εㅡ델타δ' 논법으로 인해 수열의 극한뿐 아니라 함수의 연속성까지 수학적으로 나타낼 수 있게 됩니다.

바이어슈트라스는 수학자로서 해석학의 기본을 다진 것으로 유명할 뿐 아니라 제자들에게는 사랑과 존경을 한 몸에 받는 선생님이기도 했습니다. 구데르만 교수의 강의를 통해 수학적 영감을 배우고 수학 연구에 평생을 매진하였던 것처럼 본인의 수업을 듣는 학생들에게 수학적 지식을 나누어 주고 수학을 탐구할 수 있도록 철저하게 수업 준비를 하였습니다.

 이 책을 읽는 학생들은 "수학은 너무 어려워."라고 말하고 수학책을 책상 멀리 밀어 놓지는 않았겠죠? 수학이 기원전부터 만들어진 학문이고 그 체계가 워낙 엄격하고 딱딱해서 공부하다 보면 어렵다는 생각이 들 수도 있답니다. 그럴 때마다 수학자 바이어슈트라스를 생각하는 것은 어떨까요? 수학자들조차 수학이 아니라고 생각했던 것에 도전하는 자세를 갖고 이를 같이 연구하도록 학생들에게 영감을 준 바이어슈트라스, 남들이 잘 다루지 않는 무한을 연구한 수학자 칸토어, 여자가 별로 없던 수학자의 세계에서 당당하게 여성 수학자로서 연구한 소피아 코발렙스카야……. 이들과 같이 우리도 이 책을 통해 바이어슈트라스의 강의를 들으면 어려운 내용도 더 쉽게 이해하고 수학에 도전하는 자신감을 가질 수 있을 것입니다. 그럼 바이어슈트라스와 함께 극한의 세계로 들어가 봅시다.

나소연

차례

추천사   4
책머리에   6
100% 활용하기   10
바이어슈트라스의 개념 체크   16

1교시
무한의 세계   25

2교시
무한수열   43

3교시
수열의 끝은 어디일까?   63

4교시
무한수열의 발산   87

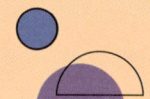

5교시
우리는 절친입니다 … 103

6교시
무한수열을 더하면 끝이 있을까? … 125

7교시
엄격하고 세밀한 수학을 만들려는
바이어슈트라스의 노력 … 139

1 이 책은 달라요

《바이어슈트라스가 들려주는 수열의 극한 이야기》는 수열의 극한을 구하는 방법을 선분이 늘어나는 눈꽃송이, 공이 올라오는 높이, 피자를 먹는 양의 비교, 사각형 안에서 무한히 더해지는 넓이 등 실제 생활에서 만나는 무한수열의 예를 통해 접근하고 있습니다. 이를 통해 숫자만으로 이루어진 수열을 어렵게만 느끼는 것이 아니라 그 속에 숨어 있는 수학적 규칙을 재미있게 찾아보고 극한과 관련된 정의를 정확하게 이해할 수 있습니다. 또한 미분과 적분의 기본이 되는 수열의 극한이 어떻게 생겨났는지 알려 줌으로써 수열의 극한이 자연스럽게 미분과 적분으로 이어지도록 하여 기초적인 미적분을 이해하는 데 도움이 됩니다.

2 이런 점이 좋아요

❶ 수열이 가진 규칙성은 단순한 것에서부터 계차수열과 같은 어려운 것까지 다양하기 때문에 어렵다고 생각할 수 있습니다. 그러나 책에서 보여 주는 방법이 실생활에서 볼 수 있는 친근한 예이기 때문에 수열의 극한에 더 쉽게 접근할 수 있습니다.

❷ 수열에서 계속 접하는 자연수를 친구로 등장시켜 친근감을 유도함으로써 어렵게 느껴지는 일반항을 쉽게 표현할 수 있습니다. 또한 그래프를 이용하여 수열의 변화 정도를 시각화함으로써 수렴, 발산을 쉽게 판별할 수 있습니다.

❸ 수열의 극한이 어떻게 생겨난 것인지를 소개하여 고등학교에서 가장 유명한 미적분과 수열의 연결성을 자연스럽게 익히도록 하였습니다.

3 교과 연계표

학년	단원(영역)	관련된 수업 주제 (관련된 교과 내용 또는 소단원명)
중 3	도형과 측정	삼각비
고 1(대수)	수열	등차수열과 등비수열, 수열의 합
고 2~3(미적분1)	함수의 극한과 연속	함수의 극한, 함수의 연속
고 2~3(미적분2)	수열의 극한	수열의 극한, 등비급수

4 수업 소개

1교시 무한의 세계

- 선행 학습 : 평면도형, 선분, 자연수, 짝수와 홀수, 피보나치수열
- 학습 방법 : 한 쌍의 토끼 수의 변화 과정과 형상수의 점, 코크 곡선에서 선분의 개수와 같은 예에 들어 있는 수의 나열을 통해 자연수나 짝수, 홀수에서 가장 큰 수가 무엇인지 짐작해 보면서 무한의 개념에 접근해 봅니다. 그리고 무한을 나타내는 기호를 익혀 봅니다.

2교시 무한수열

- 선행 학습 : 거듭제곱, 대응, 괄호, 양수와 음수, 양수와 음수의 곱셈
- 학습 방법 : 첫 번째 수업에서 무한을 배우며 나타냈던 수의 배열과 연관하여 수를 나열해 보면서 그 속에 규칙이 있다는 것을 깨달음으

로써 수열의 뜻을 알 수 있습니다. 그리고 무한과 수열을 연관하여 생각하면 무한수열을 쉽게 이해할 수 있습니다. 수열 속의 규칙을 찾은 후에 수열을 기호로 나타내는 방법을 익히도록 합니다.

3교시 수열의 끝은 어디일까?

- **선행 학습** : 분수, 비와 비율
- **학습 방법** : 63빌딩과 같이 높은 곳에서 떨어진 공의 높이나 사람 수에 따라 먹게 되는 피자의 양과 같이 우리 주변에서 볼 수 있는 양의 변화를 통해 수열의 극한을 직관적으로 이해할 수 있도록 합니다. 또한 분모와 분자에 n이 들어가 있는 수열 $\left\{\dfrac{n}{n+1}\right\}$과 같은 경우에도 바로 극한을 구하는 것이 아니라 식의 변형을 통해 극한을 구한다는 것을 알게 함으로써 고등학교에서의 극한의 계산 방법을 미리 익혀 보는 기회를 가지도록 합니다.

4교시 무한수열의 발산

- **선행 학습** : 수직선
- **학습 방법** : 무한의 개념과 연관하여 수열의 끝이 한없이 커지는 상태인 발산을 이해하도록 합니다. 이때 부호에 따른 발산의 종류를 구분할 수 있도록 합니다. 또한 수직선에 항의 수와 수열의 값을 그래프로 그리는 과정을 통해 수열의 변화되는 모양과 진동을 연관시

킵니다. 그래서 발산의 종류를 양, 음의 무한대로, 발산에서 진동으로 확장시킬 수 있도록 합니다.

5교시 우리는 절친입니다

- **선행 학습** : 등호, 부등호, 삼각비
- **학습 방법** : 부등호의 표현 방법을 익힌 후 부등호로 대소 관계가 표현된 수열들의 극한을 구해 봅니다. 그럼으로써 실제로 극한을 구할 수 없는 것이더라도 다른 수열과의 비교를 통해 극한을 구할 수 있게 된다는 샌드위치 정리를 이해합니다. 또한 비교판정법을 이용하여 학생들이 오류를 범하기 쉬운 수열의 극한을 판별해 봅니다.

6교시 무한수열을 더하면 끝이 있을까?

- **선행 학습** : 번분수, 소수
- **학습 방법** : 도화지에 색칠하는 정사각형의 넓이는 전체의 부분을 차지하는 곳으로 무한히 계속되지만 도화지 안에 포함되므로 색칠한 부분의 넓이의 합은 1보다 작은 값을 가집니다. 이를 통해 0보다 큰 수를 더해도 그 합이 유한할 수 있다는 것을 직관적으로 알게 되어 무한급수의 개념을 이해하는 데 도움이 됩니다. 같은 방법으로 무한소수 $0.\dot{9}$도 유한한 값이 될 수 있다는 것을 기억하도록 합니다.

7교시 엄격하고 세밀한 수학을 만들려는 바이어슈트라스의 노력

- **선행 학습** : 함수, 포물선, 중점, 실수
- **학습 방법** : 지금까지 배운 수열, 수열의 극한의 뜻을 이해하고 수업에 들어가도록 합니다. 바이어슈트라스가 들려주는 이야기를 따라가다 보면 수열의 극한이 어떻게 수학의 한 학문으로 발전하게 되었는지 알게 됩니다. 또한 미적분과의 관계를 알게 됨으로써 고등학교 과정에서 수열과 수열의 극한, 미분과 적분의 연계성을 깨닫게 됩니다.

바이어슈트라스를 소개합니다

Karl Theodor Wilhelm Weierstrass(1815~1897)

나는 독일의 수학자로 현대 해석학의 아버지라고 불립니다.

나는 천재 수학자 아벨의 이론을 집중적으로 연구하면서 아벨 함수에 관한 논문을 발표하였고 이를 계기로 초타원함수의 선구적 수학자로 인정받게 됩니다. 이로 인해 왕립 기술 연구소의 교수 및 베를린 대학 부교수로 임명되면서 연구에 몰두하고 학생들에게 나의 이론을 마음껏 펼치게 됩니다.

평생 독신으로 살았지만 모든 시간을 수학 연구에 매진하고 나의 연구를 학생들에게 가르치는 것에 만족하였기 때문에 제자 대부분이 나의 이론을 절대시하였고 연구를 발표하기 꺼려했던 나를 대신해서 학생들이 허락을 얻어 발표하기도 하였습니다.

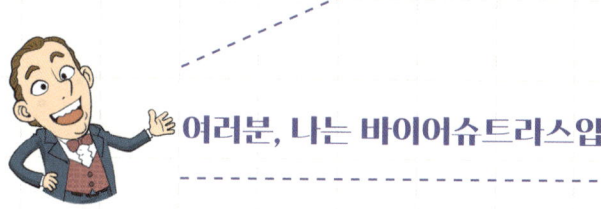
여러분, 나는 바이어슈트라스입니다

나는 1815년에 독일의 작은 도시에서 태어난 수학자로 현대 해석학의 아버지라고 불린답니다. 한때 교사였던 나의 아버지는 아들이 정식 교육을 받고 공무원이 될 수 있도록 중등학교가 있는 도시로 이사까지 했지요. 나는 아버지의 뜻에 따라 중등학교를 우수한 성적으로 졸업했습니다. 하지만 당시 대부분의 사람이 관심을 갖고 있으며 아버지가 배우길 바랐던 법학, 행정학 및 경제학을 배우기보다는 잘 대접받지 못하는 수학에 더 관심을 가지기 시작했답니다. 그러면서 나의 대학 생활은 다른 수업은 듣지도 않고 혼자 수학을 공부하면서 수학 원리의 기본을 다지는 시간으로 바뀌게 됩니다.

아들이 수학에 관심이 있는 것을 알고 아버지는 학교 선생님을 시키려고 교사 자격증을 따는 학교로 보냈습니다. 나는 이곳에서 타원함수를 멱급수 형태로 표현하는 것에 관심이 많은 수학자 크리스토프 구데르만과 만나게 됩니다. 구데르만은 학생이 나 혼자만 있더라도 강의를 해 주었습니다. 이 강의를 통해 나는 함수의 멱급수 전개가 얼마나 유효한 수단이 되는지를 인식하면서 아벨의 발자취를 따라 '현대 수학의 아버지'라고 불린 그의 삶에 한 발자국 더 다가가게 됩니다.

아버지의 뜻대로 교사 자격증을 따기 위한 시험을 치르면서도 나는 계속 수학 공부 하기를 원했습니다. 그래서 교사 자격증 시험에 타원함수에 관한 문제가 없어도 되었지만 구데르만에게 꼭 시험에 내 달라고 부탁했습니다. 수학을 열심히 공부하는 것은 알았지만 내가 얼마나 수학을 잘하는지 몰랐던 구데르만은 나의 답안지를 보고 깜짝 놀라게 되고 대학에 추천도 합니다. 그 후 교사 생활을 하면서 늦은 시간까지 연구를 계속하였고 〈해석적 계승에 관한 노트〉를 학교 간행물에 발표하기도 했습니다.

보통 수학자라고 하면 어린 시절부터 천재 수학자라는 말을 들으며 수학자의 길로 바로 접어듭니다. 하지만 나의 경우는 일반적인 천재 수학자의 길과 달리 교사가 되어 학생들을 가르치며 수학에 대한 연구를 하였습니다. 이때 발표한 연구가 10년이 지난 후 우연히 알려지면서 인정을 받아 대학 강사가 되었습니다. 그 후 왕립 학교로 옮겨 수학과 물리학, 독일어, 식물학, 역사학, 서예, 체육 등 다양한 강의를 하게 되는데 이렇게 많은 강의 중에도 남는 시간은 전부 수학 연구에 바쳤답니다. 어느 날 왕립 학교의 수업 시간에 내가 오지 않아서 학생들이 수업을 받지 못한 적이 있었습니다. 그래서 교장이 직접 집으로 찾아왔는데 나는 밤새 연구하던 것에 몰두하느라 날이 새고 빛이 들어오는지도 모른 채 촛불을 켜고 연구에 몰입하고 있었습니다.

　나는 천재 수학자 아벨의 이론을 집중적으로 연구하면서 아벨 함수에 관한 논문을 발표하였고 이로 인해 초타원함수의 선구적 수학자로 인정받게 됩니다. 이를 계기로 왕립 기술 연구소의 교수 및 베를린 대학 부교수로 임명되면서 연구에 몰두하고 학생들에게 나의 이론을 마음껏 펼치게 됩니다.

　나는 "시인 기질을 갖추지 못한 수학자는 결코 완벽한 수학자가 못 된다는 것은 진실이다."라는 생각을 가지고 있었습니다. 나는 상상력과 철학적 사고를 바탕으로 강의해 나갔고 독일뿐 아니라 각국에서 이 수업을 듣기 위해 많은 학생이 몰려들었어요. 중등학교와 대학을 거쳐 강의해 온 경험과 수학에 대한 연구는 나의 훌륭한 강의로 나타났으며 이것은 강의에 대한 나의 태도를 밝힌 다음의 글에서도 알 수 있습니다.

"강의의 성공은 교수가 학생들을 지속적인 연구로 이끄는 능력에 달려 있다. 하지만 그것은 우연히 되는 것이 아니고 수업 자료 준비와 핵심 부분의 제시를 통해 이루어지며, 교수는 학생들이 과목의 주요 내용을 적절히 파악할 수 있도록 설명해야 한다. 이 설명을 통해 또한 나는 이전에 완성된 개념을 더욱 논리적으로 발전시킬 수 있다."

나의 '입실론ε − 델타δ' 정의는 지금의 대학 과정에서 해석학의 기본 과정에 들어갑니다. 나는 균등수렴의 개념을 정리하고 함수를 멱급수로 추론해 내는 등 해석학을 산술화하면서 현대 해석학의 아버지라 불리게 되었습니다. 평생 독신으로 살았지만 모든 시간을 수학 연구에 매진하고 나의 연구를 학생들에게 가르치는 것에 만족하였기 때문에 제자 대부분이 나의 이론을 절대시하였습니다. 그리고 연구를 발표하기 꺼려 했던 나를 대신해서 학생들이 허락을 얻어 발표하기도 했습니다. 여성 수학자 소피아 코발렙스카야가 "나의 모든 연구는 바이어슈트라스의 이념 안에서 이루어졌다."고 단언할 정도로 나는 제자들의 사랑과 존경을 듬뿍 받았고 소피아나 칸토어와 같은 훌륭한 수학자의 스승이기도 했습니다.

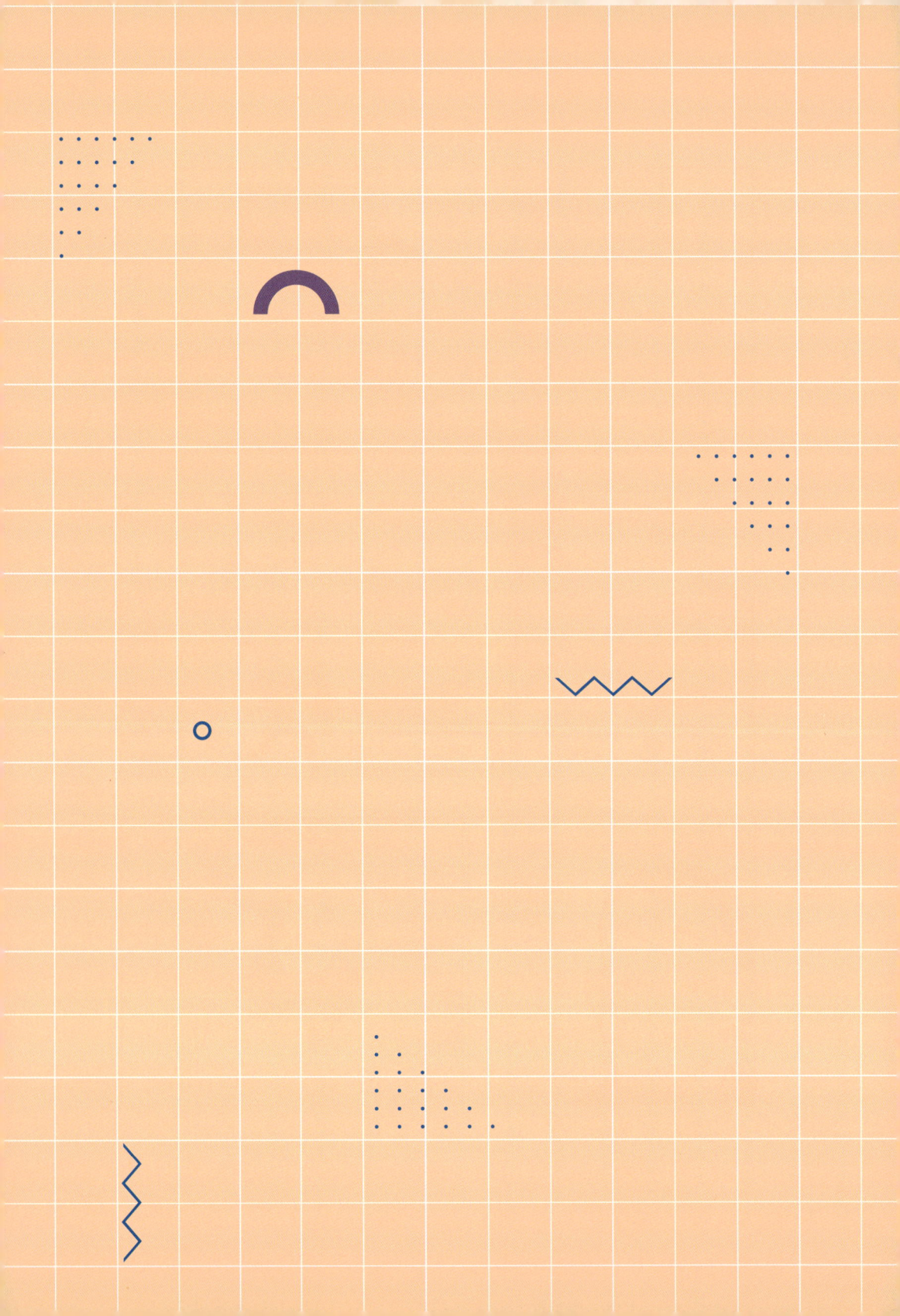

무한의 세계

무한이라는 말 들어 본 적 있죠?
주위에서 무한이라는 말이 어떻게 쓰이는지 알아봅시다.

수업 목표

무한의 뜻을 알아봅니다.

미리 알면 좋아요

1. **평면도형** 평면에 그려지는 평면도형에는 삼각형, 사각형, 오각형, 원 등이 있습니다. 삼각형은 각이 3개 있는 평면도형이고, 사각형은 각이 4개 있는 평면도형을 말합니다.

2. **선분** 직선 위의 두 점 A, B를 양 끝점으로 하여 이은 직선의 한 부분으로 $\overline{AB}$라고 나타냅니다. 선분의 길이는 두 점 사이의 거리입니다.

3. **자연수** 영어 natural number를 그대로 번역한 것으로 '자연적인 수'를 말합니다. 우리가 쓰는 1, 2, 3, ······과 같은 숫자입니다.

4. **홀수, 짝수** 1, 3, 5, ······명의 사람이 있으면 두 명씩 짝을 지을 때 한 명이 홀로 남게 됩니다. 이렇게 '하나가 홀로 남은 수'를 홀수라고 합니다. 그리고 2, 4, 6, ······명의 사람이 있을 때 두 명씩 짝 지을 수 있으므로 '짝 지을 수 있는 수'는 짝수입니다.

5. **피보나치수열** 1, 1, 2, 3, 5, 8, 13, 21, ······과 같이 연속한 두 항의 합이 다음 항을 이룰 때 이를 피보나치수열이라고 합니다. 이러한 수열은 해바라기 씨앗의 배열, 식물 잎의 배열, 암모나이트의 나선형과 같이 자연에서 많이 찾아볼 수 있습니다.

바이어슈트라스의 첫 번째 수업

여러분, 만나서 반가워요. 우리가 만나는 첫 시간이라 조금 더 즐거운 마음으로 시작하기 위해 동물 농장에 왔습니다. 사자, 원숭이, 다람쥐 등 동물이 많이 있죠? 여기에는 귀여운 새끼 토끼도 있네요.

"와~ 너무 귀여워요. 집에 데려가서 키우고 싶어요."

그러면 우리가 만난 기념으로 아주 오래 사는 새끼 토끼를 여러분에게 선물로 줄게요. 단, 주의할 것은 토끼를 데려가서 키

울 때는 한 쌍으로 데려가서 키우면 안 돼요. 만약 한 쌍을 데려 간다면 집 안은 온통 토끼들로 가득 차 버리거든요. 그 이유는 바로 한 쌍의 토끼는 한 달이 되어 다 자라면 그다음 달부터 한 쌍의 새끼 토끼를 낳게 되고 새로 태어난 한 쌍의 새끼 토끼도 한 달이 되어 다 자라면 그다음 달에 또 한 쌍의 새끼를 낳게 되거든요. 한 달, 두 달, 세 달…… 이렇게 시간이 지나면 토끼가 자라고 새끼를 낳을 거예요. 시간이 흐를수록 이 과정은 반복된답니다. 얼마나 많은 토끼가 생길지 궁금하죠? 어떻게 변하는지 알아봅시다.

처음에는 새끼 토끼 한 쌍을 데리고 왔으니까 토끼는 한 쌍이

있어요. 그럼 한 달이 지나면 어떻게 될까요?

"토끼 한 쌍이 자라기만 했으니까 토끼의 수가 변하지 않아요."

맞아요. 새끼 토끼 한 쌍이 자라서 어른 토끼 한 쌍이 되었답니다. 다 자란 어른 토끼는 다음 달에 한 쌍의 토끼를 낳는다고 했으니까 두 달이 지나면 어른 토끼는 새끼를 낳게 됩니다. 그러면 두 달이 지난 후에는 어른 토끼 한 쌍과 새끼 토끼 한 쌍이 있으므로 전체 토끼는 두 쌍이 있습니다.

이제부터 잘 생각해야 해요. 어른 토끼 한 쌍과 새끼 토끼 한 쌍이 세 번째 달에 어떻게 변하는지 생각해 봅시다. 어른 토끼 한 쌍은 새끼 토끼를 낳으므로 어른 토끼 한 쌍과 새끼 토끼 한 쌍이 되고 새끼 토끼는 자라 어른 토끼가 됩니다. 그래서 어른 토끼 두 쌍과 새끼 토끼 한 쌍이 있으므로 전체 토끼의 수는 세 쌍입니다.

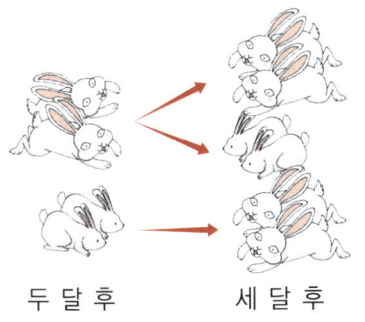

두 달 후   세 달 후

세 달이 지난 후 생긴 어른 토끼 두 쌍과 새끼 토끼 한 쌍이 또 한 달이 지나 네 달이 되면 어른 둘은 각각 새끼 토끼를 한 쌍씩 낳고, 새끼 토끼는 자라서 어른 토끼가 됩니다. 즉, 어른 토끼 세 쌍과 새끼 토끼 두 쌍이 되므로 전체 토끼의 수는 다섯 쌍이 됩니다. 시간이 지날수록 토끼의 수는 다음과 같이 늘어납니다.

경과 시간	처음	1개월	2개월	3개월	4개월	5개월	……
새끼 토끼 쌍의 수	1	0	1	1	2	3	……
어른 토끼 쌍의 수	0	1	1	2	3	5	……
전체 토끼 쌍의 수	1	1	2	3	5	8	……

시간이 지날수록 늘어 처음에 1쌍이던 것이 1, 1, 2, 3, 5, 8, 13, 21, 34, …… 1년 후면 무려 233쌍이 돼요. 그럼 시간이 더 지나면 토끼의 수는 얼마나 될까요?

"계속 늘어나서 아주 많아져요."

맞아요, 이렇게 토끼 쌍의 수가 계속 늘어 갈 때 토끼는 몇 마리일까요?

"아주 많은 수니까 억, 조, 경?"

1일, 10십, 100백, 1000천, 10000만, ……으로 수를 셀 때 우리

가 생각하기에 큰 수는 십만, 백만, 천만, 억, 십억, 백억, 천억, 조, 십조, 백조, 천조, 경, 십경, 백경, 천경……인 것 같죠? 그런데 이것보다 더 큰 숫자를 나타내는 단위인 해垓, 자秭, 양穰, 구溝, 간澗……도 있답니다. 하지만 이것보다 더 큰 숫자는 이름으로 정하지 못하고 그냥 상상 속에 아주 큰 숫자로만 생각해요. 실제로 숫자를 셀 때 이렇게 큰 숫자까지 세진 않으니까 이름까지 지을 필요가 없었거든요.

　우리가 많이 들어 봤던 1억이라는 숫자를 세는 데 얼마나 걸릴까요? 지금부터 일, 이, 삼…… 이렇게 세면 하루? 일주일? 많으면 한 달 정도? 하지만 1억이라는 숫자는 아주 큰 수라서 밥을 먹지 않고 잠자지 않고 세어도 20년이나 걸린답니다.

1억을 세는 데 20년이나 걸리니까 간澗까지는 시간이 훨씬 더 걸리겠죠? 이렇게 아주 큰 숫자의 이름은 따로 정하지 않고 무한이라고 부릅니다. 무한의 한자를 보면 無무는 없다는 뜻이고 限한은 끝이라는 뜻이에요. 즉, 무한은 '끝이 없다.'라는 의미를 가집니다. 끝이 없다니까 막연하죠? 그래서 나는 끝없이 큰 숫자를 나타내는 무한에 대해 항상 고민하면서 '이렇게 많아지는 토끼의 끝은 어디일까? 시간이 지날수록 토끼의 수가 변하는 것과 같이 수의 끝은 어디일까? 시간도 계속 이어지는 것일까? 우리가 사는 이 우주도 이렇게 끝없이 펼쳐져 있을까?'와 같은 의문을 가졌답니다.

고대 그리스의 수학자 피타고라스는 만물의 근본은 수라고 생각하였기 때문에 수에 대해 많이 연구했답니다. 숫자와 도형을 연관해서 표현하기도 했고요. 어떻게 표현했는지 볼까요?

우선 숫자 1은 점을 하나 찍었습니다.

●

숫자 2는 숫자 1을 나타내는 점 밑에 점을 2개 찍어서 나타냈습니다.

 숫자 3은 숫자 2를 나타내는 점 밑에 점을 3개 찍어서 나타냈습니다.

 다음에는 점을 몇 개 찍을까요?

 "4개요."

 그럼 이렇게 반복할 때 제일 밑에 있는 점의 개수는 몇 개일까요?

 "아, 그건……."

 점을 찍는 수가 점점 늘어가니까 제일 밑에 몇 개의 점이 있는지는 제일 큰 자연수가 무엇인지를 구하는 것처럼 쉽지 않은 것이랍니다. 찍은 점들을 이으면 삼각형 모양이죠? 삼각형으로 숫자를 배열하는 것을 삼각수라고 해요.

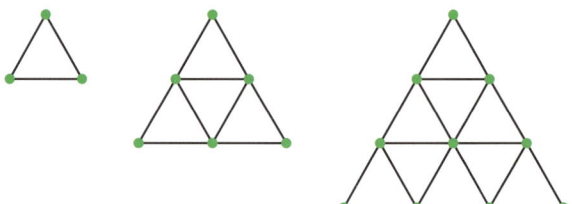

이번에는 홀수를 생각하면서 1개, 3개, 5개, 7개……의 점을 찍었어요.

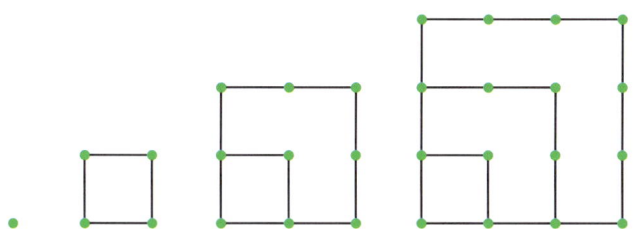

숫자가 나타내는 배열을 보니까 사각형 모양이죠? 삼각형으로 숫자를 배열하는 것을 삼각수라고 한 것처럼 사각형으로 숫자를 배열한 것은 사각수라고 한답니다. 이렇게 숫자를 삼각형이나 사각형과 같은 모양을 가진 것, 즉 형체를 가진 것으로 표현하는 것을 형상수라고 합니다.

우리가 쉽게 쓰는 자연수나 홀수에서도 무한이 있으니까 수학자들이 고민할 수밖에 없었답니다. 그럼 이번에는 이 선분을 볼까요?

이 선분의 크기를 똑같이 삼등분해요.

이제, 가운데 선분을 한 변으로 하는 정삼각형을 그려요.

그리고 삼등분한 선분의 가운데 부분은 지운답니다.

이렇게 만드는 것을 코크 곡선이라고 해요. 이걸 이용하면 멋진 눈꽃송이를 만들 수 있답니다. 선생님이 정삼각형을 가지고 만들어 볼게요.

이 삼각형의 세 변에 코크 곡선을 만들어 볼까요?

아직은 눈꽃송이보다는 별에 가까운 모양이니까 12개의 변에 또 코크 곡선을 만들어 볼게요.

　모양이 점점 눈꽃송이에 더 가까워졌죠? 그럼 48개의 변에 한 번 더 코크 곡선을 만들어 볼게요.

"와~ 진짜 눈꽃송이 같아요."

　이 눈꽃송이에도 숨어 있는 무한이 있답니다. 처음 정삼각형에는 변이 3개였어요. 그런데 코크 곡선을 만들면서 3개 ➡ 12개 ➡ 48개 ➡ 192개 ➡ …… 이렇게 변의 수가 늘어나죠? 코크 곡선 만들기를 계속하면 할수록 변의 수는 점점 늘어나서 아주 많아져요. 즉, 무한이 되는 것이죠.

　우리가 가장 기본적으로 쓰고 있는 자연수나 홀수 그리고 정삼각형의 코크 곡선에서의 선분의 수 3, 12, 48, 192, ……와 같이 우리에게 친숙한 숫자도 겉으로 보이지 않는 심오한 법칙이 숨어 있어요. 이것은 초기의 수학자들도 잘 알지 못하고 '숫자가 점점 커져 가는구나.'라고 생각하는 정도였지 수학적으로 정확하게 설명할 수가 없었습니다. 천재 수학자라고 불렸던 가우스조차도 '나는 무한량의 사용에 대해 실제로 사용하는 것도 반대한다. 무한량은 결코 수학에서 사용하는 것이 아니다.'라고 했으니까요. 이러한 자연수의 성질에 대해 연구하여 무한이라는 것이 무엇인지 설명하고 무한을 가지고 더하기를 하는 수학자 칸토어를 수학자들은 인정하지 않았어요. 결국 칸토어는 자신의 연구를 알아주지 않고 비웃기만 하는 사람들 때문에 병원에 가기도 하였답니다. 하지만 지금은 이러한 무한을 기호로 나타내고 연산도 한답니다. 무한의 기호가 궁금하죠? 힌트는 이 종이에 있답니다. 우선 긴 종이의 한쪽 끝을 180° 회전해서 끝끼리 서로 이어 붙였어요. 이것을 뫼비우스의 띠라고 합니다.

겉의 한 점 A에서 시작하여 중앙을 따라 선을 그어 보면 처음에는 겉에서 시작했는데 안면에 선이 그어지고 다시 겉면으로 이어집니다. 겉과 안의 구분 없이 계속 이어지는 거예요. 이

것과 무한은 연관이 많답니다. 내가 태어나기도 전에 수학자 월리스는 끝없이 계속 커져 가는 무한을 ∞라는 기호로 나타냈답니다. 이 기호 본 적 있나요?

"카메라 렌즈에 숫자랑 같이 쓰여 있어요."

네, 카메라 렌즈에 '∞ 10 15 3 8 2 6 1.5 4 1 3 0.8 2.2 0.6 1.8 0.5 1.55 0.45'와 같이 숫자와 무한대 기호 ∞가 쓰여 있죠? 이것은 카메라 렌즈와 찍으려는 물체 사이의 거리가 얼마만큼인지를 나타내는 숫자랍니다. 끝없이 커지는 상태라고 했으니까 렌즈에서 ∞에 놓으면 점점 더 먼 거리를 찍는다는 거예요. 즉, 먼 산이나 바다와 같은 것을 찍을 때 사용한답니다.

그럼 선생님을 따라 무한의 기호를 써 볼까요? 가운데에서 시작해서 왼쪽 시계 반대 방향으로 원을 그리고 가운데로 돌아오면 오른쪽 시계 방향으로 다시 원을 그려 중심으로 돌아옵니다. 왔다 갔다를 반복하더라도 결국 제자리에 돌아오므로 한없이 커져 가는 상태인 무한을 정말 잘 표현한 기호죠? 앞으로도 여러분은 이 기호를 아주 많이 보게 될 거예요. 그럼 다음 시간부터 본격적으로 무한 기호 ∞를 어떻게 사용하는지, 수에 숨겨진 법칙이 무엇인지 함께 알아봅시다.

수업 정리

❶ 무한無限이란 끝없이 커지고 있는 것으로 수학 기호 ∞로 나타냅니다. 이때 ∞는 정해진 숫자가 아니라 한없이 커지는 상태를 나타내는 기호입니다.

❷ 형상수란 숫자를 삼각형이나 사각형과 같은 형체를 가진 것으로 표현하는 것입니다.

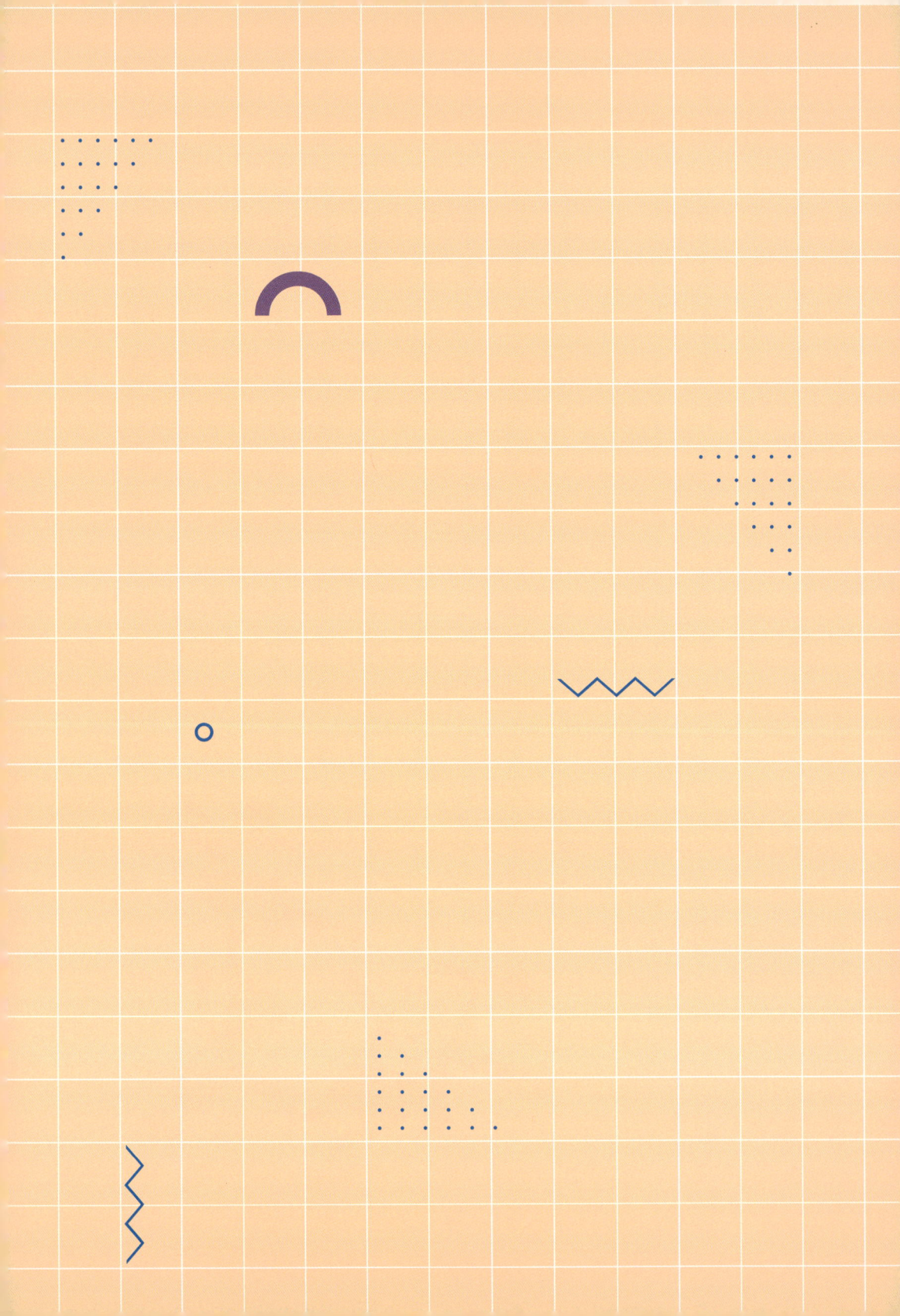

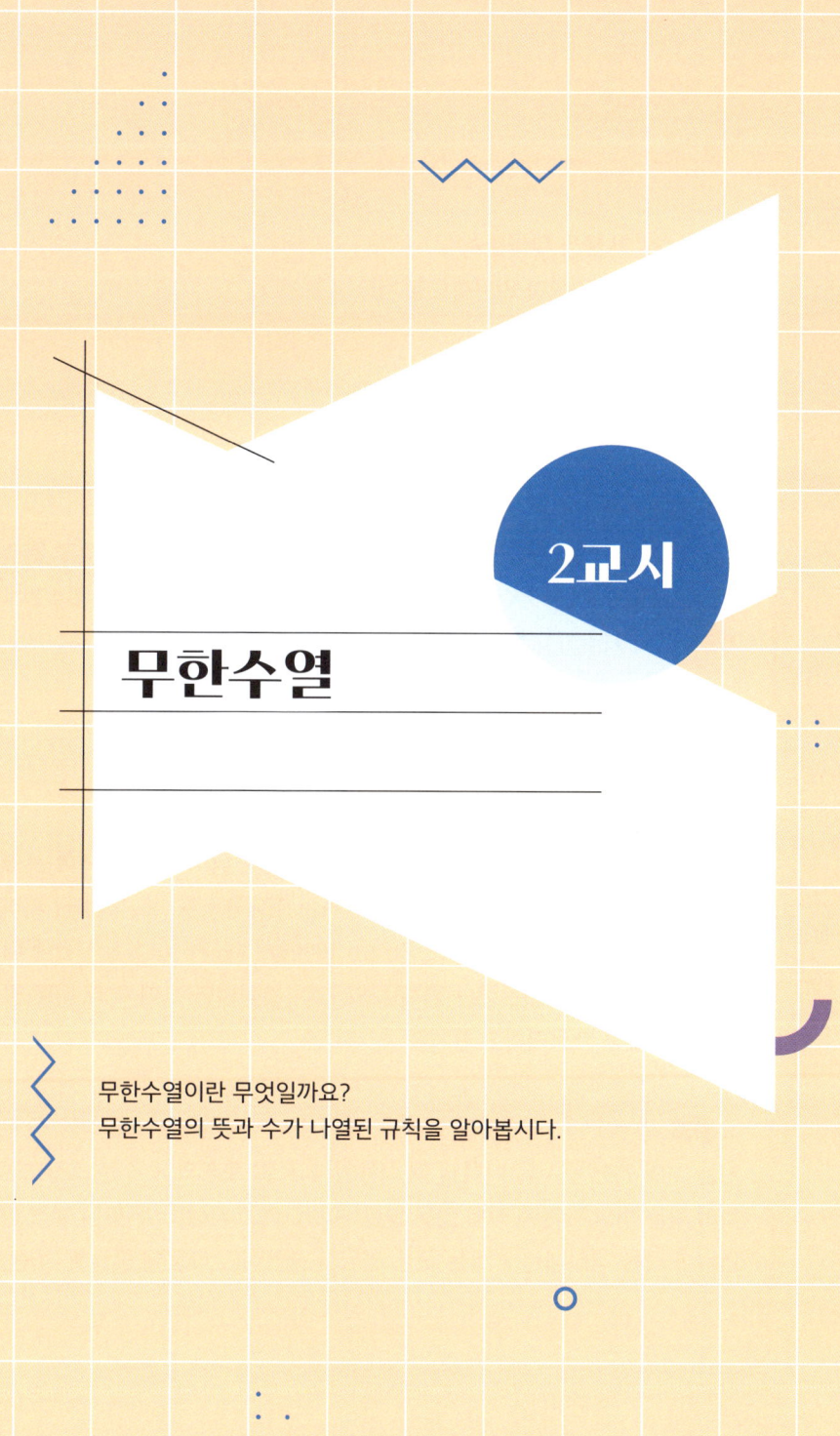

무한수열

2교시

무한수열이란 무엇일까요?
무한수열의 뜻과 수가 나열된 규칙을 알아봅시다.

수업 목표

1. 무한수열의 뜻을 알아봅시다.
2. 수열의 규칙을 찾아 일반항으로 나타내 봅시다.

미리 알면 좋아요

1. **거듭제곱** 같은 것을 여러 번 곱하는 것을 거듭제곱이라고 합니다. 2^4라고 쓰여진 거듭제곱은 2를 네 번 곱한 것으로 '2의 네제곱'이라고 읽습니다. 똑같이 곱해지는 수 2를 거듭제곱의 밑이라고 하고 곱해지는 횟수인 4를 거듭제곱의 지수라고 합니다.

2. **대응** 어떤 두 대상이 주어진 관계에 의해 서로 짝이 되어 상대하는 경우를 말합니다. 예를 들어 초속 3m로 운행하는 케이블카가 1초 동안 간 거리는 $1 \times 3 = 3$m가 되고 10초 동안 간 거리는 $10 \times 3 = 30$m가 됩니다. 시간에 따라 운행한 거리가 결정되는 것처럼 하나의 값이 결정되면 그에 따라 다른 값이 결정되는 것을 대응이라고 합니다.

3. **괄호** 말이나 글, 숫자 등을 한데 묶기 위하여 사용하는 부호입니다. 수학에서는 식의 계산 순서를 나타낼 때 사용합니다. 활 모양의 '( )'는 소괄호라고 하여 묶는 범위가 가장 작은 것을 말합니다. 그리고 사람의 두 팔을 벌려 감싸 안는 모양을 나타내는 '{ }'는 묶는 범위가 중간이기 때문에 중괄호, 묶는 범

위가 가장 큰 '[ ]'를 대괄호라고 합니다. 수열을 나타내는 기호 $\{a_n\}$에 사용된 괄호는 중괄호입니다.

4. **양수와 음수** 온도를 나타낼 때 0도를 기준으로 0도보다 높을 때는 '영상'이라는 말을 붙여 영상 5도, 0도보다 낮을 때는 '영하'라는 말을 붙여 영하 5도라는 식으로 표현합니다. 이와 마찬가지로 0을 기준으로 0보다 큰 수를 양수라 하고 양의 부호 '+플러스'를 써 +1, +2, +3, ……과 같이 나타내고, 0보다 작은 수를 음수라 하고 음의 부호 '-마이너스'를 붙여서 나타냅니다. 양의 부호는 생략해서 쓰기도 합니다.

5. **양수와 음수의 곱셈** 2개의 숫자를 곱할 때 양수끼리 또는 음수끼리 같은 부호를 가진 것을 곱하면 양수가 되지만 다른 부호끼리 곱하면 음수가 됩니다. 예를 들어 (+1)×(+1)과 (-1)×(-1)은 같은 부호끼리 곱했으므로 그 결과는 양수이고 숫자는 1과 1을 곱하므로 1이 되어 (+1)×(+1)=+1, (-1)×(-1)=+1이 됩니다. (-1)×(+1)은 다른 부호끼리 곱했으므로 음수이고 숫자는 1과 1을 곱하므로 1이 되어 (-1)×(+1)=-1이 됩니다.

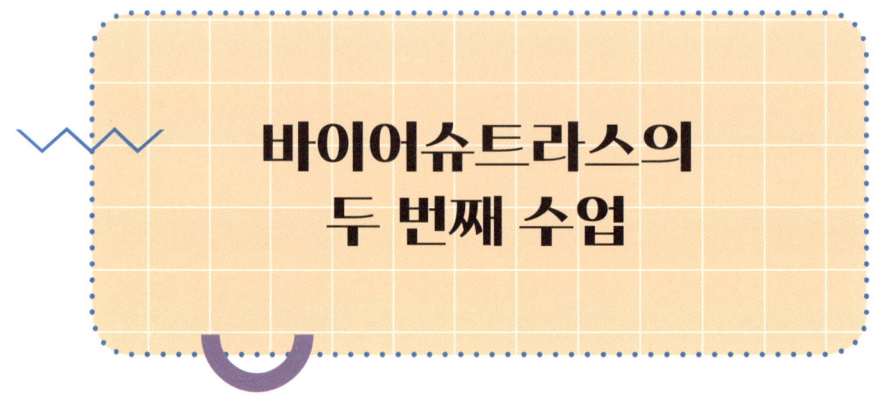

바이어슈트라스의 두 번째 수업

 지난 시간에 삼각수를 배웠죠? 처음에는 점을 1개, 두 번째에서는 점을 2개, 세 번째에서는 점을 3개, 네 번째에서는 점을 4개 찍었어요.

 이렇게 점을 찍은 수를 나열해 보면 1, 2, 3, 4입니다. 그럼 그 다음에는 몇 개의 점을 찍을 수 있을까요?

 "5개요!"

 맞아요. 5개를 찍을 수 있어요. 그럼 점을 찍은 수를 나열해 보면 1, 2, 3, 4, 5가 됩니다.

	순서	새로 찍은 점의 개수
·	첫 번째	1
△	두 번째	2
△	세 번째	3
△	네 번째	4

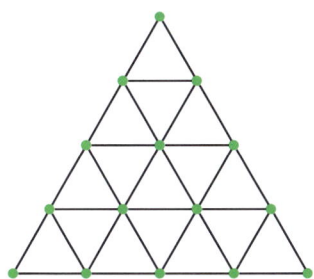

그럼 5개의 점 다음에는 몇 개일까요?

"6개요!"

그다음은요?

"7개요!"

7개의 점을 찍었다고 하면 다음에 몇 개를 찍을지 짐작이 가죠? 점을 찍은 숫자 1, 2, 3, 4, 5, 6, 7을 보면 앞의 숫자보다 1만큼 커지니까 그다음에 몇 개를 찍을지 알 수 있답니다. 점을 계속 찍을 때 새로 찍게 되는 점의 수를 나열했어요.

$$1, 2, 3, 4, 5, 6, 7, 8, 9, 10, \cdots\cdots$$

이 숫자의 나열이 1씩 커지는 규칙을 가지고 있는 것과 같이 규칙을 가지고 수를 순서대로 나열하는 것을 수열이라고 합니다. 그리고 나열된 수 각각을 항이라고 해요. 그러면 첫 번째에 쓴 1은 첫째항, 두 번째 쓴 2는 둘째항, 세 번째 쓴 3은 셋째항이 됩니다.

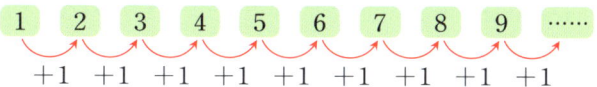

　이 수열을 보면 앞의 항에 똑같이 1을 더해서 다음 항을 만들었죠? 이렇게 앞의 항에다 똑같은 수를 더해서 뒤의 항을 구하는 것을 등차수열이라고 하고 똑같이 더해지는 수를 공차라고 합니다.

　규칙을 가진 수를 나열해서 1, 2, 4, □, 16이라고 썼어요. 1에서 2가 되고, 그다음은 4가 되네요. 이렇게 수가 있을 때, 수를 뚫어지게 보면 숨어 있는 규칙이 보인답니다. 어떤 규칙이 숨어 있을까요?

　"앞의 항에 2를 곱해요!"

　2를 곱해서 확인해 볼까요?

첫째항 = 1
둘째항 = 첫째항 × 2 = 1 × 2 = 2
셋째항 = 둘째항 × 2 = 2 × 2 = 4

이 규칙대로 넷째항 □를 구하면 (넷째항)＝(셋째항)×2가 되므로 4×2＝8이 됩니다. 16은 몇 번째 항이죠?

"다섯째항이요!"

16이 다섯째항이니까 위와 똑같은 규칙으로 구하면 (넷째항)×2＝(다섯째항)이니까 8×2＝16이 맞네요. 와, 수에 숨어 있는 규칙을 잘 찾았는데요? 이렇게 앞의 항에 똑같은 수를 곱해서 뒤의 항을 구하는 수열을 등비수열이라고 하고 똑같이 곱해지는 수를 공비라고 합니다.

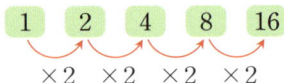

이렇게 수열은 1, 2, 3, 4, 5, ……와 같이 똑같은 수를 더하거나 1, 2, 4, 8, 16과 같이 똑같은 수를 곱하는 등 규칙이 숨어 있답니다. 이때 1, 2, 4, 8, 16은 항이 전체 다섯 개로 유한개가 있죠? 그러면 수열 중에도 유한수열이라고 합니다. 그런데 수열 1, 2, 3, 4, 5, ……는 항의 수가 끝없이 계속됩니다. 지난 시간에 끝없이 커지는 수를 무엇이라고 했죠?

"무한이요."

네, 수열 1, 2, 3, 4, 5, ……는 항이 무한히 계속되므로 지난 시간에 배운 무한이라는 말을 이용하여 무한수열이라고 합니다. 숫자가 계속 나열될 때 첫째항, 둘째항, 셋째항…… 이렇게 계속 이름을 붙여서 부르면 우리 친구들은 알아듣지만 나의 고향인 독일의 학생들은 한국어를 모르니까 무슨 말인지 모른답니다. 그래서 어느 나라 사람이든 이해할 수 있는 기호를 하나 가지고 왔어요. 바로 'a'를 이용한 기호랍니다.

$$a_1, a_2, a_3, a_4, \cdots\cdots$$

a라는 것은 수열의 이름을 나타내는 거예요. 그런데 a 옆에

작은 숫자들이 순서대로 1, 2, 3, 4라고 써 있죠? 이 작은 글씨로 쓰인 숫자는 몇 번째 항인지를 나타내는 것이랍니다. 첫째 항을 a_1이라고 쓰고 '에이 원'이라고 읽으면 된답니다. 둘째항은 a_2라고 쓰고 '에이 투'라고 읽어요. 이런 방법으로 하면 ☆번째 항은 $a_☆$로 나타내면 된답니다.

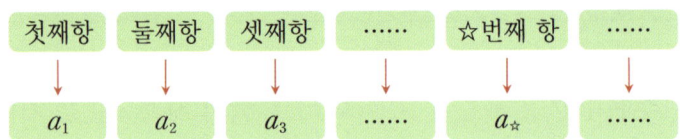

일반적으로 무한히 계속되는 수열의 어느 가운데 있는 항을 ☆번째라고 할지, ◎번째라 할지 사람마다 다르겠죠? 그래서 모든 사람이 똑같이 나타내도록 통일했어요. 바로 자연수 Natural number의 머리글자를 따서 n번째 항이라 하고 a_n이라고 쓰는 거예요. 그래서 무한히 계속되는 수열 $a_1, a_2, a_3, a_4, \cdots\cdots, a_n, \cdots\cdots$은 자연수와 대응시켜 다음과 같이 나타냅니다.

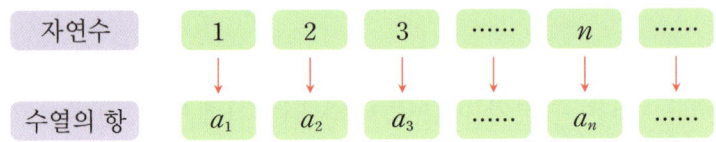

이때, 수열 $a_1, a_2, a_3, a_4, \cdots\cdots, a_n, \cdots\cdots$을 간단하게 기호로 나타내면 $\{a_n\}$입니다.

그럼 이제 이 수열의 규칙을 한번 찾아볼까요?

$$1, 121, 12321, 1234321, \cdots\cdots$$

1은 일의 자리의 숫자이고 121은 백의 자리의 숫자, 12321은 만의 자리의 숫자예요. 자리의 수가 2개씩 늘어나고 숫자도 바뀌고 있어요. 1234321 다음에 오는 숫자는 무엇일까?

$a_1 = 1$ ➡ 숫자 1개

$a_2 = 121$ ➡ 숫자 3개

$a_3 = 12321$ ➡ 숫자 5개

$a_4 = 1234321$ ➡ 숫자 7개

a_5는 몇 개의 숫자일지, 숫자의 배열은 어떨지 이 수열에 숨어 있는 숫자의 배열을 찾았나요?

"a_5는 1부터 5까지 나열하고 다시 거꾸로 작아지게 하면 돼요!"

a_3을 보면 1부터 3까지 '123'을 쓰고 3부터 다시 하나씩 적은 숫자 '21'을 써서 12321이 돼요. 마찬가지로 a_4는 1부터 4까지 '1234'를 쓰고 4부터 다시 하나씩 적은 숫자 '321'을 써서 1234321이 되니까 a_5=123454321이 됩니다.

"선생님, 저는 곱셈을 아주 잘해서 상도 받은 수학왕이랍니다! 곱셈으로 a_5를 구해 봤더니 신기한 규칙이 있어요!"

$$1 \times 1 = 1$$
$$11 \times 11 = 121$$
$$111 \times 111 = 12321$$
$$1111 \times 1111 = 1234321$$
$$11111 \times 11111 = 123454321$$

와~ 정말 대단한 발견이군요! 이렇게 수열에 숨어 있는 규칙들을 찾아내는 것이 중요해요. 사각수를 나타내면서 찍은 점들의 수열도 한번 볼까요?

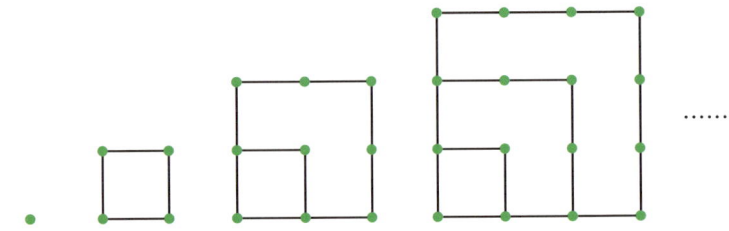

눈에 보이는 점의 개수를 말하는 거예요. 처음에는 1개의 점, 두 번째는 4개의 점이랍니다. 세 번째와 네 번째는요?

"9개, 16개요!"

네, 그럼 눈에 보이는 점의 수를 보면 1, 4, 9, 16, ……이에요. 이 수열에 숨어 있는 규칙은 무엇일까요?

$$a_1=1, a_2=4, a_3=9, a_4=16, \cdots\cdots$$

아래 첨자 1, 2, 3, 4와 연관해서 1, 4, 9, 16을 보면 아래 첨자를 두 번씩 곱한다는 것을 알 수 있어요.

$$a_1 = 1 \times 1 = 1$$
$$a_2 = 2 \times 2 = 4$$
$$a_3 = 3 \times 3 = 9$$
$$a_4 = 4 \times 4 = 16$$

그러면 $a_n = n \times n = n^2$이 돼요. 똑같은 것을 두 번 곱할 때는 위에 몇 번 곱했는지 작은 숫자로 나타내 준답니다. n^2은 n을 위에 작은 숫자 2만큼 곱했다는 뜻이에요. 그리고 n번째 항 $a_n = n^2$으로 나타내면 'n번째 항은 n을 두 번 곱한다.'는 뜻이니까 각 항이 일반적으로 어떻게 구해지는지 이 식으로 알 수 있답니다. 그래서 a_n을 이 수열의 일반항이라고 하고 기호로 나타내면 $\{n^2\}$입니다. 즉, 수열의 일반항을 알면 수열에 숨어 있는 규칙을 알 수 있지요. 지금부터는 숫자의 규칙을 찾아서 n번째 일반항을 구해 봅시다.

$$\frac{1}{1}, \frac{1}{2}, \frac{1}{3}, \frac{1}{4}, \frac{1}{5}, \cdots\cdots$$

항수와 수열의 숫자를 비교하다 보면 규칙이 눈에 보인답니다.

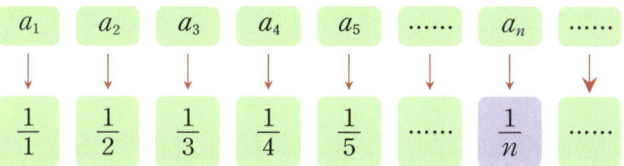

　분수로 된 수열의 숫자를 보면 분자에는 모두 1이 있고 분모만 항수에 따라 1, 2, 3, 4, 5로 변하고 있습니다. a의 첨자와 분모에 있는 숫자가 같죠? 그럼 a_5 다음에 오는 항 a_6, a_7, a_8이 $\frac{1}{6}$, $\frac{1}{7}, \frac{1}{8}$이 돼요. 그럼 일반항 a_n은 무엇일까요?

　"$\frac{1}{n}$이요!"

　와, 아주 쉽게 규칙을 찾는걸요? $\frac{1}{1}, \frac{1}{2}, \frac{1}{3}, \frac{1}{4}, \frac{1}{5}, \cdots\cdots$의 일반항은 $a_n = \frac{1}{n}$이므로 기호로 나타내면 $\left\{\frac{1}{n}\right\}$입니다.

$$-1, +1, -1, +1, -1, +1, -1, +1, -1, \cdots\cdots$$

　이 수열의 규칙은 무엇일까요?

　"숫자는 다 1로 같은데 +, -로 바뀌는 거예요!"

　맞아요. 규칙을 잘 찾네요. +와 -라는 것은 숫자의 부호를 말합니다. 옛날에 숫자의 부호가 없을 때 상인들이 물건을 사서 사람들에게 팔기 때문에 물건을 사 올 때는 돈을 지불하고 사 와야 하고 물건을 팔면 돈이 생기게 됩니다. 장사하면서 돈을 지불한 것과 벌어들인 것을 구분해서 장부에 쓰려고 했어요. 그래서 물건을 팔고 나에게 돈이 들어온 것은 플러스 기호 +로 나타내고 물건을 사 올 때 나가는 돈을 마이너스 기호 -라고 표시했답니다. + 부호가 붙은 수를 양수라고 하고 - 부호가 붙은 수를 음수라고 해요. 여러분은 용돈을 받으면 돈이 생기니까 좋지만 돈을 써서 줄어들면 싫잖아요. 그래서 양수를 긍정적인 것으로 생각하고 음수를 부정적으로 생각하기 때문에 두 수를 곱할 때 두 부호가 다르면 음수, 같으면 양수가 된답니다.

$$-1 \xrightarrow{\times(-1)} +1 \xrightarrow{\times(-1)} -1 \xrightarrow{\times(-1)} +1 \xrightarrow{\times(-1)} -1 \xrightarrow{\times(-1)} +1 \xrightarrow{\times(-1)} \cdots\cdots$$

$a_1 = -1$
$a_2 = a_1 \times (-1) = (-1) \times (-1) = (-1)^2$
$a_3 = a_2 \times (-1) = (-1) \times (-1) \times (-1) = (-1)^3$

똑같은 것을 몇 번 곱했는지 위에 작은 숫자로 써 주니까 항수와 거듭제곱으로 나타낸 식을 보면 일반항을 구할 수 있답니다.

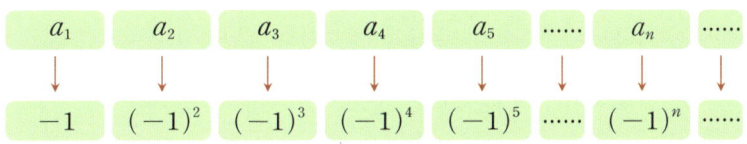

−1, +1, −1, +1, −1, +1, −1, +1, −1, ……을 일반항으로 나타내면 $\{(-1)^n\}$이 됩니다.

지금까지 구한 무한수열의 일반항들 $a_n = n^2$, $a_n = \dfrac{1}{n}$, $a_n = (-1)^n$에서 n이 무한히 커지면 마지막 항의 숫자는 무엇일까요? n이 커지는 것처럼 수열의 숫자들도 커질까요? 아니면 어떤 특정한 숫자가 되는 걸까요? 다음 시간에는 우리가 지금까지 배운 수열들의 끝이 어떻게 되는지 알아보도록 하겠습니다. 그럼 다음 시간에 봐요.

수업정리

❶ 어떤 규칙에 따라 차례로 나열된 수의 열을 수열이라고 하고 각 수를 수열의 항이라고 합니다. 항은 번호를 붙여 $a_1, a_2, a_3, a_4, \ldots\ldots$라고 나타내며 항의 개수가 유한개인 수열은 유한수열, 항이 무한히 계속되는 수열은 무한수열이라고 합니다.

❷ 일정한 숫자를 더하여 만드는 수열을 등차수열이라고 하며, 일정한 숫자를 곱해서 만드는 수열을 등비수열이라고 합니다. 이때 일정하게 더하는 숫자를 공차, 일정하게 곱하는 숫자를 공비라고 합니다.

❸ 수열 속에 숨어 있는 규칙을 나타내는 항 a_n을 일반항이라고 하고 수열을 간단하게 $\{a_n\}$으로 나타냅니다.

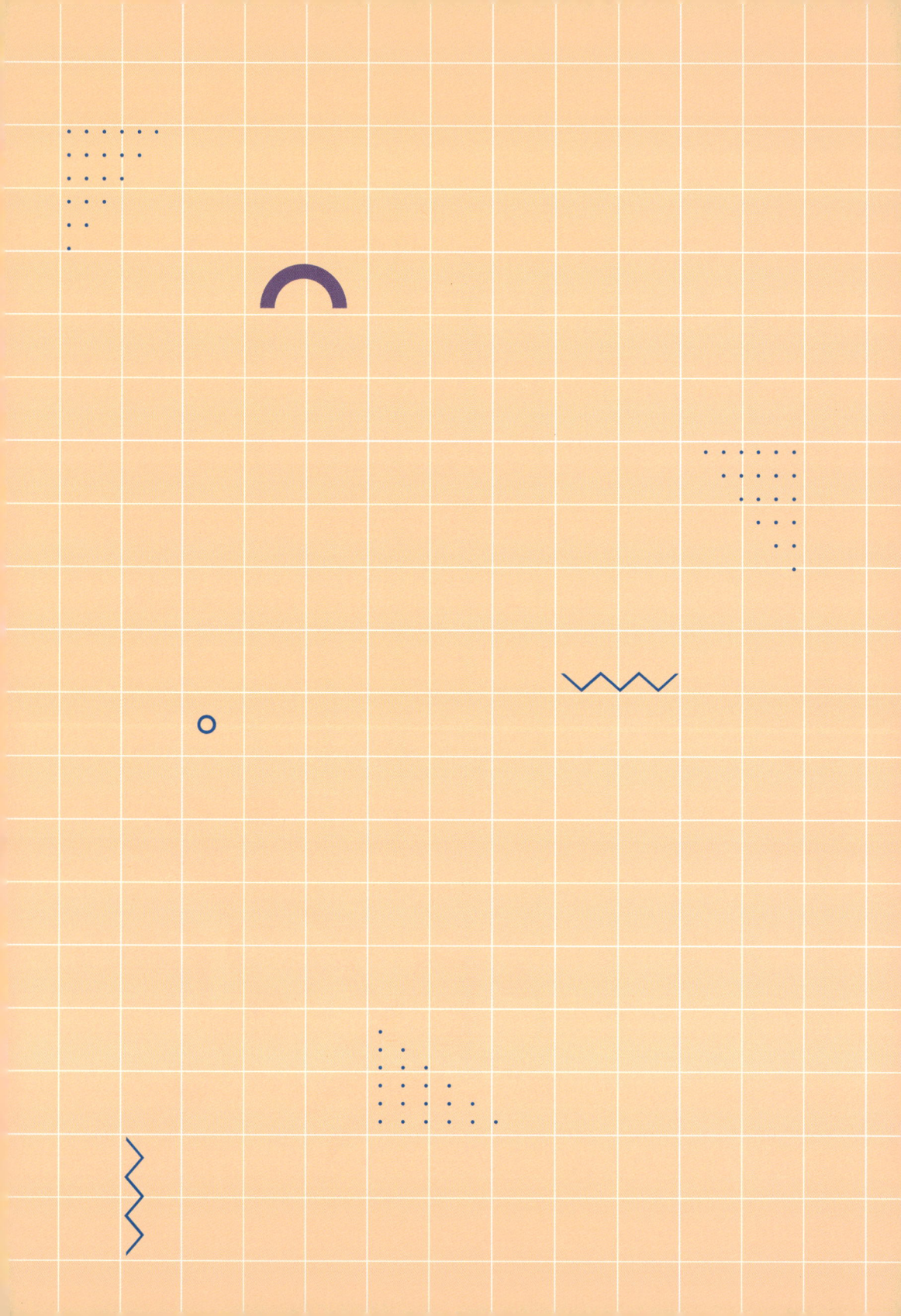

수열의 끝은 어디일까?

수열의 끝을 구할 수 있을까요?
극한값을 구해 봅시다.

수업 목표

극한의 뜻을 알고 무한수열의 극한을 구해 기호로 나타내 봅시다.

미리 알면 좋아요

1. **분수** 피자 한 판을 두 명이 나누어 먹을 때 전체의 양을 1이라고 하면 한 사람이 먹는 양은 $1 \div 2 = \frac{1}{2}$이 됩니다. 이렇게 나누기를 분수로 표현한 $\frac{1}{2}$에서 위에 있는 숫자 1을 분자라 하고, 아래의 숫자 2를 분모라 합니다. $\frac{1}{2}$이라고 하면 전체 양의 반만큼의 양이라는 것을 알 수 있습니다. 전체 피자의 양이 4판이라면 전체 피자의 $\frac{1}{2}$은 $4판 \times \frac{1}{2} = 2$판이 됩니다.

2. **비와 비율** 비는 두 양을 비교하는 것으로 오른손에는 10개의 귤이 있고 왼손에는 5개의 사탕이 있을 때 오른손과 왼손에 들고 있는 것의 비는 10:5가 됩니다. 이때, 오른손의 귤의 개수를 기준으로 왼손에 있는 사탕을 비교하면 사탕은 귤의 반만큼 있으므로 $\frac{5}{10}$, 즉 $\frac{1}{2}$만큼 있습니다. $\frac{1}{2}$과 같이 2개의 값을 비교하여 구한 값을 비율이라고 합니다.

바이어슈트라스의
세 번째 수업

 자, 이번 시간에 우리가 수업할 곳은 63빌딩이랍니다. 이곳은 오랫동안 우리나라에서 가장 높은 건물로 유명했는데, 높이가 256m 정도예요. 앞의 풍경을 볼까요?

 학생들은 한눈에 내려다보이는 한강과 한강 공원, 멀리 보이는 남산을 보고 있습니다.

 지금 보고 있는 곳은 우리나라의 수도 서울이랍니다. 서울은 조선 시대에 처음 도읍으로 정해진 곳입니다. 동서남북으로 타

락산, 인왕산, 목멱산(남산), 백악산으로 둘러싸여 있고 지금 보이는 한강이 동에서 서로 흘러 산줄기와 물줄기가 어우러져 사람이 살기에 좋아 도시의 형성이 잘되는 곳이랍니다.

그럼 내 손에 있는 공을 지금 서 있는 곳에서 한강으로 나 있는 길에 떨어뜨리면 어떻게 될까요?

바닥까지 떨어진 후 올라왔다가 다시 내려가고 또다시 올라왔다가 내려가게 돼요. 이때 처음 떨어뜨린 높이만큼 올라오지 않고 올라오는 높이가 조금씩 낮아지게 돼요. 직접 높이를 측정할게요. 높이가 256m인 이곳에서 공을 떨어뜨리고 공이 바닥에 닿은 후에 처음 올라온 높이는 128m랍니다. 그다음 공이 다시 바닥에 닿고 두 번째로 올라온 높이는 64m예요. 그다음 세 번째로 올라온 높이는 32m예요.

공이 처음 올라온 높이, 두 번째로 올라온 높이, 세 번째로 올라온 높이…… 이렇게 올라오는 높이를 나열하면 128, 64, 32, ……가 돼요. 이 숫자의 나열을 보고 네 번째로 올라온 높이가 얼마인지 짐작할 수 있나요?

앞에 있는 숫자가 뒤에 있는 숫자로 어떻게 변했는지 규칙을 찾아야 해요. 처음 높이 128m와 두 번째 높이 64m를 비교하면 처음 높이가 반으로 줄어서 두 번째 높이가 되었어요. 그럼 이 규칙이 맞는지 다음 숫자도 확인해 봅시다. 두 번째 높이 64m와 세 번째 높이 32m를 비교하면 세 번째 올라온 높이 32m도 두 번째 높이 64m의 반입니다.

공이 올라오는 높이가 변하는 규칙은 바로 높이가 반으로 된다는 것이랍니다. 이것을 이용하면 네 번째로 올라오는 공의 높이는 직접 측정하지 않아도 알 수 있답니다. 네 번째 높이는 어떻게 되죠?

"세 번째 높이 32m보다 반으로 줄어들게 되니까 16m가 됩니다."

공이 올라오는 높이 128, 64, 32, ……는 반으로 줄어든다는 규칙을 가지고 수를 나열한 것이니까 수열이랍니다. 이 수열 각 항의 이름을 $a_1=128$, $a_2=64$, $a_3=32$, $a_4=16$, ……로 하고, 이것은 높이를 나타내는 수열 $\{a_n\}$이 돼요. 이때, 땅에 닿았다가 올라오는 것을 무한히 반복하면 공이 올라오는 높이는 어떻게 될지 궁금하죠? 수열 $\{a_n\}$에서 올라오는 횟수와 올라오는 높이를 자연수 친구랑 같이 생각해 봐요.

"안녕하세요? 저는 자연수를 대표하는 약자 n이랍니다. 지난 시간에 제 이야기를 들어 본 적이 있죠? 저는 자연수니까 1도 될 수 있고, 2도 될 수 있고, 자연수 3, 4, 5, ……는 다 될 수 있어요. 저랑 친해지면 수열은 식은 죽 먹기랍니다. 그럼 저랑 일반항 a_n을 구해 봐요. 내가 1이면 공이 한 번 올라온 것이니까 높이는 처음 공이 떨어진 높이의 반이 되죠? 그래서 첫 번째 항 $a_1 = 256 \div 2 = 256 \times \frac{1}{2} = 128$이 된답니다.

이번에는 내가 자연수 2가 되어 볼게요. 그러면 공이 두 번 올라온 것이죠? 두 번째 올라오는 높이는 처음 올라왔을 때의 높이 128m의 반이랍니다. 처음부터 공이 얼마나 변했는지 생각하면 처음 높이의 반만큼 올라왔다가 또 이 높이의 반만큼이니까 반의 반만큼 올라온 거예요. 그래서 $a_2 = 128 \div 2 = (256 \div 2) \div 2 = 256 \times \frac{1}{2} \times \frac{1}{2}$이에요. $\frac{1}{2}$을 두 번 곱했으니까 거듭제곱으로 간단하게 나타내면 $a_2 = 256 \times \left(\frac{1}{2}\right)^2 = 64$가 돼요. 거듭제곱을 쓸 때 위에 작은 첨자로 자연수가 들어가 있죠? 제가 이렇게 수열에서 쓸 곳이 많다니까요."

자연수의 말이 맞아요. 자연수를 이용하면 수열의 일반항은 아주 쉽게 구할 수 있답니다. 세 번째 항은 두 번째 높이의 반이니까 $a_2 = 256 \times \frac{1}{2} \times \frac{1}{2}$의 반을 계산해서 구하면 $a_3 = 256 \times \frac{1}{2}$

$\times \frac{1}{2} \times \frac{1}{2}$이 된답니다. 세 번째 항도 자연수 친구를 이용해서 거듭제곱으로 쓰면 $a_3 = 256 \times \left(\frac{1}{2}\right)^3 = 32$가 돼요. 이쯤이면 우리 친구들이 이 수열에 숨어 있는 규칙을 잘 찾았을 것 같네요. 그럼 a_4는 무엇일까요?

"a_4는 높이가 반으로 줄어드는 것이 네 번 있었으니까 $256 \times \left(\frac{1}{2}\right)^4$이 돼요."

맞아요! 그래서 $a_1 = 256 \times \frac{1}{2}, a_2 = 256 \times \left(\frac{1}{2}\right)^2, a_3 = 256 \times \left(\frac{1}{2}\right)^3$, $a_4 = 256 \times \left(\frac{1}{2}\right)^4$이니까 올라오는 횟수가 n인 일반항은 $a_n = 256 \times \left(\frac{1}{2}\right)^n$이 됩니다.

올라오는 횟수	항	높이	거듭제곱으로 나타낸 높이
1	a_1	128m	$256 \times \frac{1}{2}$
2	a_2	64m	$256 \times \frac{1}{2} \times \frac{1}{2} = 256 \times \left(\frac{1}{2}\right)^2$
3	a_3	32m	$256 \times \frac{1}{2} \times \frac{1}{2} \times \frac{1}{2} = 256 \times \left(\frac{1}{2}\right)^3$
4	a_4	16m	$256 \times \frac{1}{2} \times \frac{1}{2} \times \frac{1}{2} \times \frac{1}{2} = 256 \times \left(\frac{1}{2}\right)^4$
⋮	⋮	⋮	⋮
n	a_n	(2^{8-n})m	$256 \times \left(\frac{1}{2}\right)^n$
⋮	⋮	⋮	⋮

바이어슈트라스의 세 번째 수업

올라오는 높이를 나타내는 수열 $128, 64, 32, \cdots\cdots$는 무한수열이죠? 무한히 수를 나열하다 보면 나열된 수의 끝은 뭐가 될지 짐작할 수 있어요. 공의 높이가 반으로 줄고 줄어서 $128, 64, 32, \cdots\cdots$, $\dfrac{1}{2}, \dfrac{1}{4}, \dfrac{1}{8}, \cdots\cdots$로 높이가 아주 낮아져서 거의 0에 가까워져요.

이렇게 수열을 무한히 나열했을 때 나열된 수의 끝이 일정한 숫자에 아주 가까워지면 이 수열은 <mark>수렴한다</mark>고 하고 수열이 가까워지는 수를 수열의 <mark>극한값</mark> 또는 <mark>극한</mark>이라고 합니다. 수열이 가까워지는 값인 극한값은 하나의 수열에 하나만 존재한답니다.

공의 높이를 나타내는 $128, 64, 32, \cdots\cdots$인 수열 $\{a_n\}$에 대해 '수열 $\{a_n\}$은 0에 수렴한다.'라고 하거나 '수열 $\{a_n\}$의 극한값은 0이다.'라고 말하면 된답니다.

"선생님, 그러면 공의 높이를 계속 나열하면 맨 나중에 수열에 쓰이는 숫자는 0이 되는 건가요?"

공의 높이가 256m의 $\frac{1}{2}$, $\frac{1}{4}$, $\frac{1}{8}$, ……의 양으로 줄어들기는 하지만 수열의 끝에 0을 쓰는 것은 아니랍니다. 피자 한 판을 두 명이 먹으면 두 조각으로 나누고, 네 명이 먹으면 네 조각으로 나누고, 여덟 명이 먹으면 여덟 조각으로 나누는 것과 같이 사람의 수가 늘어나면 먹게 되는 피자 조각의 크기는 줄어들어 아주 적은 양을 먹게 됩니다.

사람이 무한히 많아지면 한 사람이 먹는 양은 아주 적어지므로 0에 가까워집니다. 그래서 먹게 되는 피자의 양의 극한은 0이 돼요. 하지만 사람의 수가 무한대가 되더라도 먹는 양이 아주 적은 것이지 먹지 못하는 것은 아니랍니다. 사람의 수에 따라 먹는 피자의 양을 나타내는 수열 '피자 한 판, 피자 한 판×$\frac{1}{2}$, 피자 한 판×$\frac{1}{3}$, ……'에는 0이 없습니다. 이렇게 수열에 없는 숫자라도 수열의 극한이 될 수 있어요.

피자 얘기가 나왔으니까 수열을 배우는 동안 함께해 줄 자연수 친구가 온 기념으로 다 같이 피자를 나누어 먹을까요? 다 같이 사이좋게 나누어 먹어요.

"네가 피자를 먹을 때마다 내가 너보다 피자를 한 조각 더 먹을 거야! 그럼 너보다 내가 많은 양을 먹게 되겠지?"

"나보다 한 조각 더 먹는 것을 무한히 반복하여 먹은 양을 비교하면 너와 내가 거의 같은데?"

"선생님, 석우가 피자를 먹을 때마다 제가 한 조각씩 더 먹는데 먹는 양을 비교하면 왜 같을까요?"

석우가 수열의 극한을 잘 이해하고 있군요. 수창이와 석우가 먹은 피자의 양을 적어 보고 비교해 봅시다. 석우가 한 조각을 먹으면 수창이는 두 조각을 먹고, 석우가 두 조각을 먹으면 수창이는 세 조각을 먹었어요. 석우가 먹는 피자 조각의 수와, 석우보다 한 조각 더 먹는 수창이의 조각의 수를 나타낸 수열을 생각해 봐요.

석우가 먹은 피자를 나타내는 수열 : 1, 2, 3, 4, 5, 6, ⋯⋯
수창이가 먹은 피자를 나타내는 수열 : 2, 3, 4, 5, 6, 7, ⋯⋯

매번 수창이와 석우가 먹은 양을 비교하기 위해 먹은 양의 비율을 나타내는 수열 $\{a_n\}$을 봅시다.

$$a_n : \frac{1}{2}, \frac{2}{3}, \frac{3}{4}, \frac{4}{5}, \frac{5}{6}, \frac{6}{7}, \cdots\cdots$$

이제 수열 $\{a_n\}$에 숨어 있는 규칙을 찾아 일반항으로 나타내 볼까요?

분자는 석우가 먹은 피자의 수이니까 첫 번째는 1, 두 번째는 2, 세 번째는 3…… 이렇게 변하니까 n번째에서는 n개를 먹었지요. 분모는 수창이가 먹은 피자의 수니까 석우보다 하나 더 먹는 거랍니다.

수창이가 먹은 피자의 수
첫 번째 : 석우가 첫 번째 먹은 피자의 수$+1=2$
두 번째 : 석우가 두 번째 먹은 피자의 수$+1=3$
세 번째 : 석우가 세 번째 먹은 피자의 수$+1=4$
⋮
n번째 : 석우가 n번째 먹은 피자의 수$+1=n+1$

수열 $\{a_n\}$의 일반항 a_n의 분자는 석우가 먹은 피자의 수 n이고 분모는 수창이가 먹은 피자의 수 $n+1$입니다.

$$a_n = \frac{n}{n+1}$$

n이 첫 번째, 두 번째, 세 번째, ……, n번째, …… 이렇게 점

점 커져서 무한대로 가면 일반항 a_n의 분자 n도 무한대로 커지고 분모 $n+1$도 무한대로 커진답니다. 둘 다 커지니까 끝이 안 보이죠? 이럴 때는 수열을 변신시키면 돼요!

$$a_n = 1 - \frac{1}{n+1}$$

와~ 변신 로봇 같죠? $a_n = \frac{n}{n+1}$이 다른 것처럼 보이는 $a_n = 1 - \frac{1}{n+1}$이 되어 버렸군요!

하지만 걱정 마세요. 우리의 자연수 친구가 있으면 변신한 수열도 어떤 수의 나열인지 금방 알아챌 수 있거든요. a_n에서 n이 1, 2, 3, 4, ……로 변하면 자연수와 수열의 항이 대응되니까 공의 높이처럼 직접 확인하면 돼요.

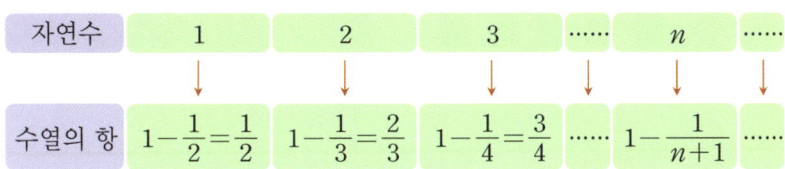

자, 이제 n이 무한히 커졌을 때 $a_n = 1 - \frac{1}{n+1}$은 어떻게 되는지 볼까요? 처음에는 1에서 $\frac{1}{2}$을 빼는데 n이 무한대로 커지면 커

질수록 빼는 양은 $\frac{1}{3}, \frac{1}{4}, \frac{1}{5}, \cdots\cdots$로 점점 줄어들어요. 그래서 n이 무한대로 가면 갈수록 빼는 양 $\frac{1}{n+1}$은 0에 가까워집니다. 빼는 양이 0에 가까워지므로 $a_n = 1 - \frac{1}{n+1}$은 1에 가까워집니다. 그래서 '수열 $\{a_n\}$에서 n이 무한대로 가까워질수록 수열의 값이 1에 가까워지므로 $\{a_n\}$의 극한은 1이다.'라고 말하면 됩니다.

처음에 석우가 1조각, 수창이가 2조각을 먹을 때는 1조각 차이가 크지만 수창이도 아주 많이 먹고, 석우도 아주 많이 먹게 되면 배가 많이 부를 때까지 먹으니까 많이 먹으면 먹을수록 둘이 먹은 양의 비는 1에 가까워집니다.

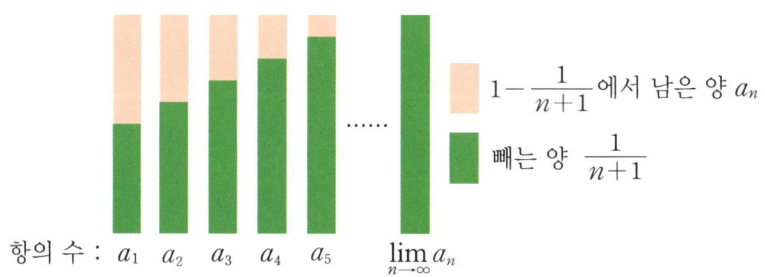

점점 가까워진다는 것을 화살표 '→'를 이용하면 수열의 극한을 간단하게 나타낼 수 있어요. 화살표를 이용해서 우선 항의 수 n을 나타내면 항의 수 n이 점점 커져 무한에 가까워지는 것이

므로 $n \to \infty$라고 나타낼 수 있어요. 수열 $\{a_n\}$은 항을 나열할수록 점점 1에 가까워지므로 $a_n \to 1$이라고 나타낼 수 있어요. 그래서 수열의 극한은 '$n \to \infty$일 때 $a_n \to 1$이다.'라고 나타냅니다.

또 다른 방법은 극한이라는 뜻을 가진 limit의 약자를 이용해서 나타내는 것입니다.

약자 lim를 이용하여 나타내 봅시다.

극한은 항의 수 n이 무한히 커지는 것이므로 이것을 나타내는 기호 $n \to \infty$로 표시해서 $\lim_{n \to \infty}$로 나타냅니다.

a_n의 극한을 구하는 것이므로 수열 앞에 약자를 써서 $\lim_{n \to \infty} a_n$으로 나타냅니다.

마지막으로 극한값을 써서 $\lim_{n \to \infty} a_n = 1$이라고 나타냅니다.

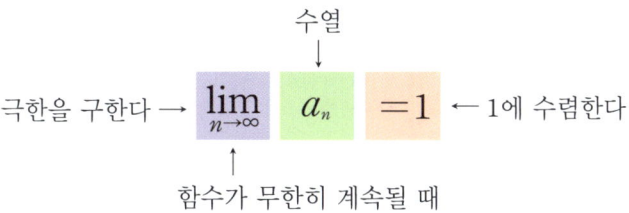

극한을 구한다 → $\lim_{n \to \infty}$ a_n = 1 ← 1에 수렴한다
↑수열
↑함수가 무한히 계속될 때

이 기호 '$\lim_{n \to \infty}$'는 '리미트 n이 무한대로 갈 때'라고 읽으면 돼요. 그러면 $\lim_{n \to \infty} a_n = 1$은 '리미트 n이 무한대로 갈 때, a_n의 극한

은 1이다.'로 읽으면 된답니다.

 이제 시원한 바람이 부는 한강공원으로 가 볼까요? 여기는 한강공원의 잔디밭이랍니다. 여기에는 잔디가 아주 많으니까 잔디를 옆 공원에 옮겨 심을까요? 우리 모두 잔디를 2개씩 옆 공원으로 옮겨 심어 봅시다.

 우리가 옮겨 심은 잔디의 수를 수열 $\{a_n\}$으로 나타내 볼게요.

$$2, 2, 2, 2, 2, \cdots\cdots$$

 무한히 많은 잔디를 2개씩 계속 옮겨 심으니까 2가 계속 나열됩니다. 그럼 이 수열의 끝은 어디일까요?

"와~ 이 수열은 정말 쉬운데요? 똑같이 2를 계속 쓸 거니까 수열의 끝에 있는 숫자는 2가 돼요."

맞습니다. $\lim\limits_{n \to \infty} a_n = 2$가 됩니다. 공의 높이의 극한을 구할 때와 피자를 먹은 양을 비교할 때는 수열의 끝이 수열에 적혀 있는 숫자가 아니었어요. 하지만 2, 2, 2, 2, 2, ……로 나타낸 수열 $\{a_n\}$에서는 극한과 수열에 적혀 있는 숫자가 같습니다. 이렇게 수열의 극한을 구하면 수열에 적혀 있을 수도 있고 적혀 있지 않을 수도 있답니다. 그럼 문제를 한번 풀어 볼까요?

문제 풀기

다음 수열들은 어떤 값으로 수렴하는지 구하시오.

① $\left\{\dfrac{5n-1}{n}\right\}$ ② $\left\{\dfrac{1}{n^2}\right\}$ ③ $\{2n-1\}$

"①번은 수창이와 석우가 먹은 피자의 양을 비교할 때랑 똑같이 분수네요. 그럼 또 변신시키면 되죠!"

맞아요. ①번은 변신시켜서 해 볼까요? 분자에 있는 것은 $5n$에서 1을 뺀다는 것이죠? 이것은 따로 계산할 수 있답니다.

그래서 $\dfrac{5n-1}{n}=\dfrac{5n}{n}-\dfrac{1}{n}$이 됩니다. $\dfrac{5n}{n}$은 분모와 분자의 n을 똑같이 약분하면 5가 되니까 $\dfrac{5n-1}{n}=5-\dfrac{1}{n}$로 변신할 수 있어요.

이제, 변신했으니까 자연수의 도움을 받아 볼까요?

"그럼 내가 1, 2, 3, 4, ……로 변하면서 자연수와 수열 $\left\{\dfrac{5n-1}{n}\right\}$의 항이 대응되니까 극한이 어떻게 되는지 살펴봐요!"

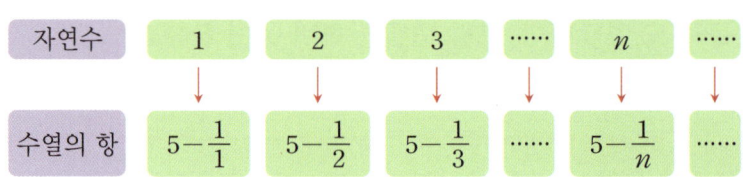

5에서 빼는 수가 $\dfrac{1}{1}, \dfrac{1}{2}, \dfrac{1}{3}, \dfrac{1}{4}$, ……로 점점 줄어드니까 빼는 수가 점점 0에 가까워져서 수열은 점점 5에 가까워집니다.

$$\lim_{n\to\infty}\left(5-\dfrac{1}{n}\right)=5$$

수열 $\left\{\dfrac{5n-1}{n}\right\}$처럼 분수로 되어 있는 것을 변신을 시켜서 $\left\{5-\dfrac{1}{n}\right\}$로 나타내면 n이 무한히 커짐에 따라 5가 어떻게 변하는

지, $\dfrac{1}{n}$을 따로따로 생각하게 되죠? 그래서 변신한 수열 $\left\{5-\dfrac{1}{n}\right\}$에서 앞에 5만 따로 수열 5, 5, 5, ……의 이름을 $\{a_n\}$이라고 하고, 빼는 것을 나타내는 수열 $\dfrac{1}{1}, \dfrac{1}{2}, \dfrac{1}{3}, \dfrac{1}{4}$, ……를 $\{b_n\}$이라고 하고 따로따로 극한값을 구해 볼게요.

5, 5, 5, 5, ……인 수열 $\{a_n\}$의 극한은 5가 됩니다. 이것을 기호로 나타내면 다음과 같아요.

$$\lim_{n \to \infty} a_n = 5$$

$\{b_n\}$은 $\dfrac{1}{1}, \dfrac{1}{2}, \dfrac{1}{3}, \dfrac{1}{4}$, ……로 점점 0에 가까워지므로 $\lim\limits_{n \to \infty} b_n = 0$이 됩니다.

$\left\{5-\dfrac{1}{n}\right\}$의 극한을 수열 $\{5\}$와 수열 $\left\{\dfrac{1}{n}\right\}$로 구했죠? 그래서 $\lim\limits_{n \to \infty}\left(5-\dfrac{1}{n}\right) = \lim\limits_{n \to \infty} 5 - \lim\limits_{n \to \infty} \dfrac{1}{n}$로 구할 수 있습니다. 이렇게 수렴하는 두 수열이 있으면 각각 극한값을 구해도 된답니다.

수열의 극한값의 성질

무한수열 $\{a_n\}$, $\{b_n\}$이 수렴하고, $\lim\limits_{n \to \infty} a_n = \alpha$, $\lim\limits_{n \to \infty} b_n = \beta$일 때

① 두 수열의 합의 극한인 $\lim\limits_{n \to \infty}(a_n + b_n)$은 두 극한값의 합 $\alpha + \beta$로 구할 수 있습니다.

② 두 수열의 차의 극한인 $\lim\limits_{n \to \infty}(a_n - b_n)$은 두 극한값의 차 $\alpha - \beta$로 구할 수 있습니다.

③ 두 수열의 곱의 극한인 $\lim\limits_{n \to \infty}(a_n \times b_n)$은 두 극한값의 곱 $\alpha \times \beta$로 구할 수 있습니다.

같은 방법으로 ②번과 ③번도 풀 수 있겠죠?

②번의 수열 $\left\{\dfrac{1}{n^2}\right\}$에서 n^2이라는 것은 n을 두 번 곱한 것이죠? 그래서 $\dfrac{1}{n^2} = \dfrac{1}{n \times n}$이므로 수열 $\left\{\dfrac{1}{n}\right\}$의 곱으로 극한을 구할 수 있어요.

$$\lim_{n \to \infty} \frac{1}{n^2} = \lim_{n \to \infty} \frac{1}{n} \times \lim_{n \to \infty} \frac{1}{n}$$

$\left\{\dfrac{1}{n}\right\}$은 ①번에서도 우리가 본 수열이죠? 이 수열의 극한은 0이니까 $\lim\limits_{n \to \infty} \dfrac{1}{n^2} = 0 \times 0 = 0$이 됩니다.

이제, ③번을 풀어 볼까요? $\{2n-1\}$의 극한은 수열 $\{2n\}$과 $\{1\}$의 극한을 빼서 구하면 되겠죠? $\{1\}$의 극한은 1인데 $\{2n\}$은 점점 커져서 가까이 가는 값이 없어요. 수열의 끝이 어떤 숫자로 가까워질 때 수렴한다고 했는데 수열 $\{2n\}$은 어떤 숫자에 가까워지지 않습니다. 이렇게 숫자에 가까워지지 않는 수열도 있답니다.

다음 시간에는 $\{2n-1\}$과 같은 수열의 극한에 대해 알아봅시다.

수업 정리

❶ 무한수열 $\{a_n\}$에서 n이 한없이 커짐에 따라 수열의 끝이 일정한 값 a에 가까워지면 이 수열은 a에 수렴한다고 하고 다음 두 가지 방법으로 나타낼 수 있습니다.

① $n \to \infty$일 때 $a_n \to a$이다.   ② $\lim\limits_{n \to \infty} a_n = a$

❷ lim는 극한을 나타내는 단어 limit의 약자입니다.

❸ 수열의 극한은 수열의 항 속에 있는 숫자일 수도 있고 아닐 수도 있습니다. 예를 들어 $a_n = \dfrac{1}{n}$은 $\lim\limits_{n \to \infty} a_n = 0$이므로 극한값은 0이지만 수열 $1, \dfrac{1}{2}, \dfrac{1}{3}, \dfrac{1}{4}, \cdots\cdots$의 항에는 없습니다. 하지만 $a_n = 2$는 $2, 2, 2, 2, \cdots\cdots$는 $\lim\limits_{n \to \infty} a_n = 2$로 극한값 2가 항에 있습니다.

❹ 무한수열 $\{a_n\}, \{b_n\}$이 $\lim\limits_{n \to \infty} a_n = \alpha$, $\lim\limits_{n \to \infty} b_n = \beta$로 수렴할 때 두 수열의 합, 차, 곱의 극한은 두 극한값의 합 $\alpha + \beta$, 차 $\alpha - \beta$, 곱 $\alpha \times \beta$으로 구할 수 있습니다.

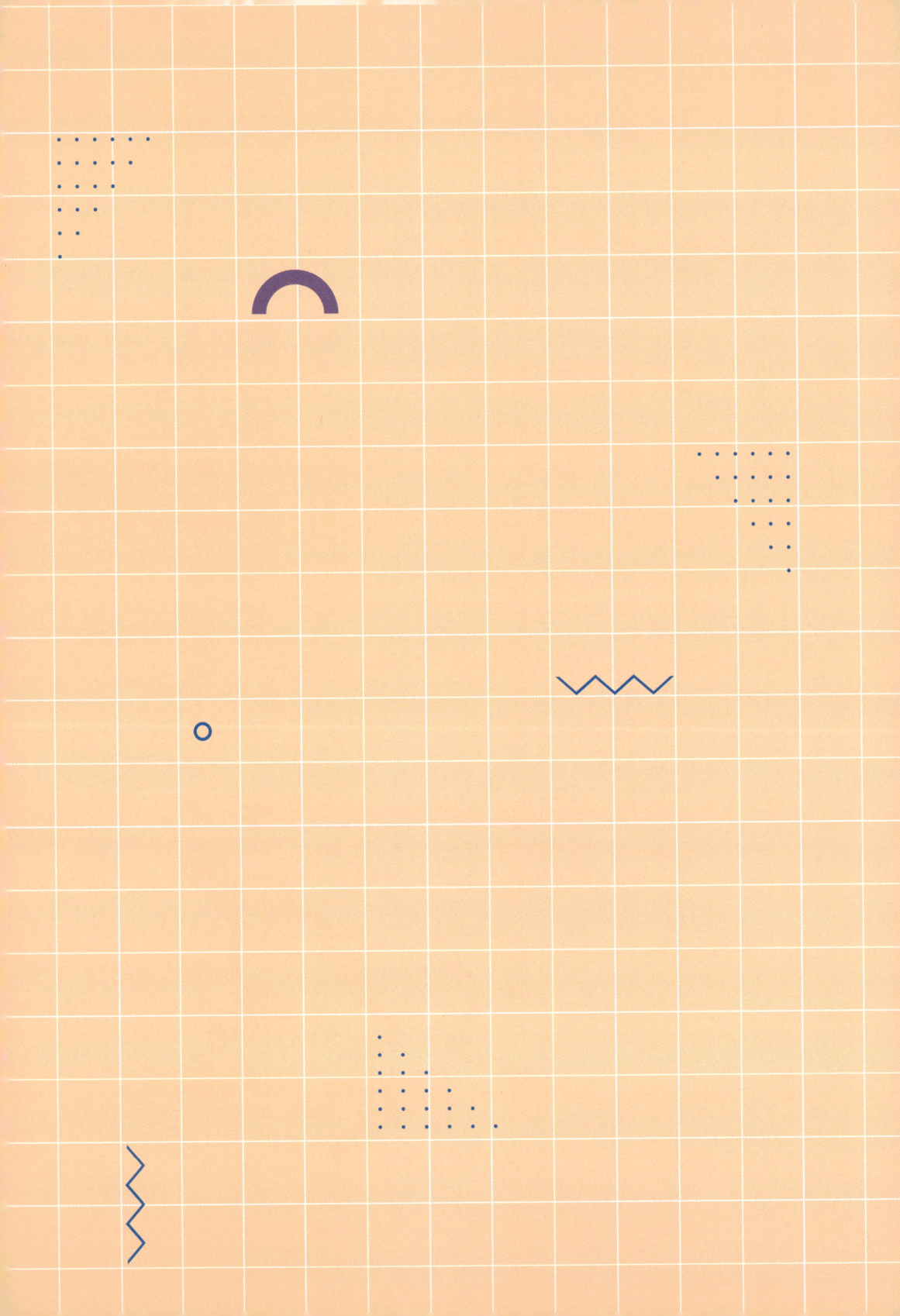

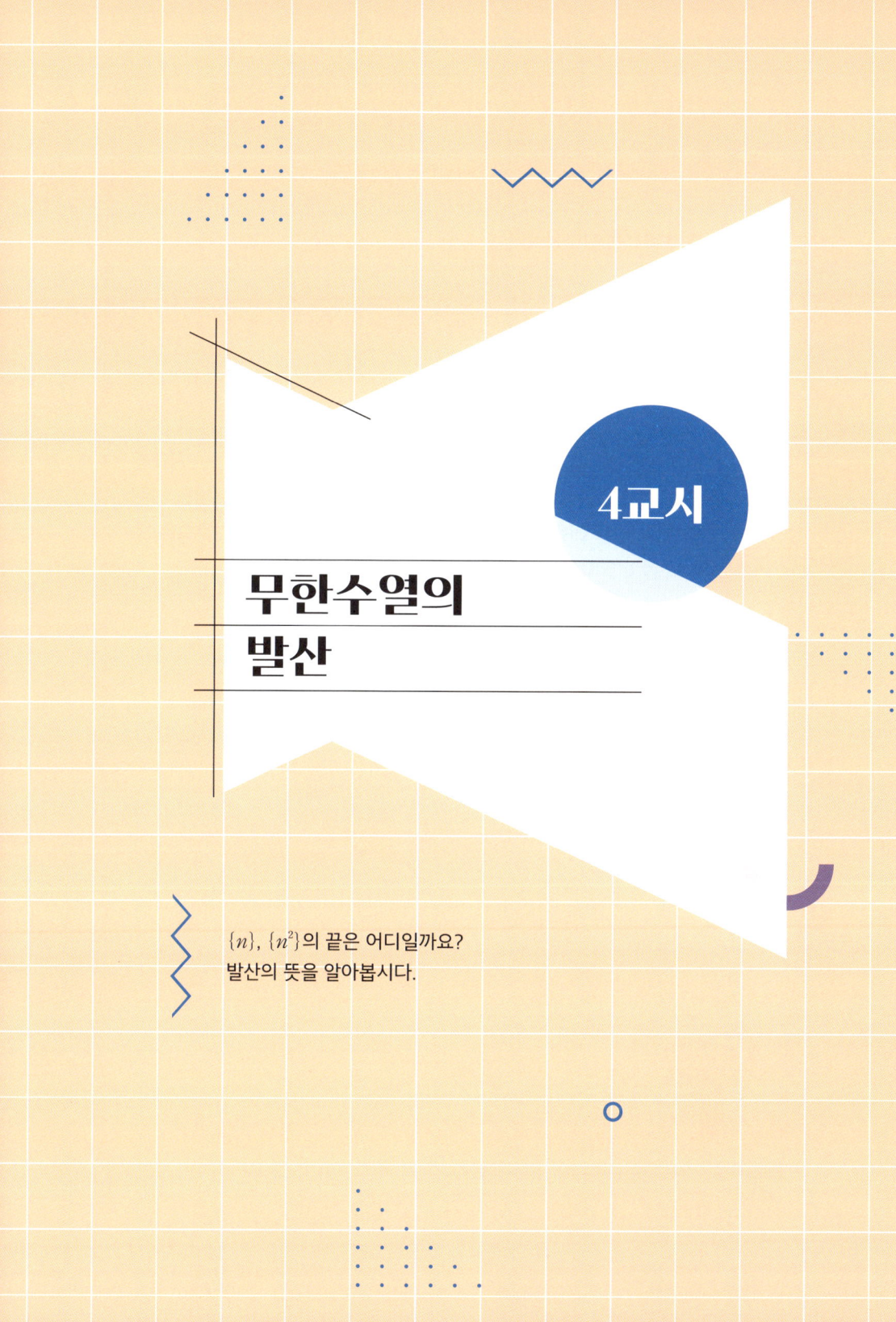

4교시

무한수열의 발산

$\{n\}$, $\{n^2\}$의 끝은 어디일까요?
발산의 뜻을 알아봅시다.

수업 목표

화산의 뜻과 종류를 알아봅시다.

미리 알면 좋아요

수직선 양 끝이 무한하게 나아가는 직선에 수를 나타내는 선입니다. 이 수직선에서는 0을 기준으로 '+' 기호를 가진 수인 양수를 오른쪽에, '−' 기호를 가진 수인 음수를 왼쪽에 나타냅니다. 예를 들어 −2는 음수이므로 0을 기준으로 왼쪽으로 두 칸 이동해서 나타내고 +3은 양수이므로 0을 기준으로 오른쪽으로 세 칸 이동하여 나타냅니다.

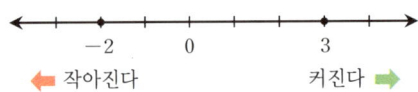

⬅ 작아진다   커진다 ➡

바이어슈트라스의
네 번째 수업

체코의 수도 프라하 구시청사 벽에 걸려 있는 천문 시계는 1410년 기계공과 카를 대학의 수학 교수 얀 신델Jan Šindel이 공동으로 제작한 프라하의 명물로 뽑히는 시계로, 세계 여러 나라 사람들이 이 시계를 보러 온답니다. 시계는 상하 2개의 큰 원형으로 되어 있는데 칼렌타륨으로 불리는 위쪽 시계는 천동설의 원리에 따라 해와 달과 천체의 움직임을 묘사해서 1년에 한 바퀴를 돌면서 연, 월, 일, 시간을 알려 준답니다. 그리고 아래쪽 원은

12개의 계절별 장면이 그려져 있어요. 이 시계의 특이한 점은 매 시간마다 12사도가 시계 안의 창을 통해 천천히 나타났다가 사라지면 황금색 닭이 나와 울면서 시간을 알려 준다는 것입니다. 이것을 신기하게 여긴 ε입실론군이 12사도가 나올 때마다 근처 공원에 돌탑을 쌓기로 했어요. 돌은 얼마나 쌓일까요?

ε군이 처음으로 나온 12사도를 보고 돌을 하나 쌓았습니다.
ε군이 두 번째로 나온 12사도를 보고 돌을 또 하나 더 쌓았습니다.
ε군이 세 번째로 나온 12사도를 보고 돌을 또 하나 더 쌓았습니다.
……

이렇게 ε이 12사도를 볼 때마다 돌을 쌓아서 생긴 돌탑의 돌의 수를 수열로 나타내 볼까요? 처음으로 나온 사도를 보고 쌓을 돌의 수를 첫째항이라고 하면 $a_1=1$입니다. 두 번째로 나온 사도를 보고 쌓은 돌의 수를 둘째항이라고 하면 $a_2=2$입니다. 마찬가지로 셋째항 $a_3=3$이 되므로 사도가 나오는 횟수에 따라 쌓이는 돌의 수를 수열로 나타내면 $\{n\}$이 됩니다.

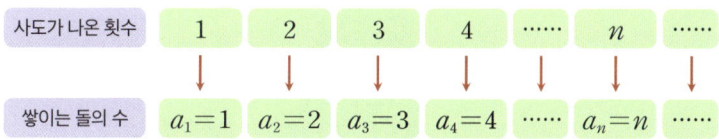

이제 수열 a_n의 극한을 구해 볼까요? 사도가 나오는 횟수가 늘어날수록 항 $n \to \infty$이므로 아주 많은 돌이 쌓이고 쌓여 돌의 수 a_n은 점점 늘어나게 됩니다. 점점 많아지는 상태를 무한대라고 하죠? 그래서 이 수열의 끝은 무한대 ∞가 됩니다. n이 한없이 커지고 있으므로 일정한 값에 가까워지는 수렴이 아니에요. 이렇게 수렴이 아닌 수열 $\{a_n\}$은 발산한다고 합니다. 극한을 나타내는 방법이 두 가지 있었죠? 가까워진다는 것을 화살표 $\to$로 나타내는 방법과, 극한의 약자 lim를 이용하여 나타내는 방법이 있었습니다. 그래서 ε군이 쌓는 돌의 극한은 이렇게 나타낼 수 있어요.

① $n \to \infty$일 때 $a_n \to \infty$이다.
② $\lim\limits_{n \to \infty} a_n = \infty$

돌탑이 너무나 높이 솟아올라 쓰러질까 걱정이 된 ε군의 친구 δ델타양이 돌탑의 돌을 하나씩 빼서 다른 공원에 쌓기 시작했어요. 친구 δ양이 돌을 처음 가져오면 1개의 돌이 쌓이게 됩니다. 두 번째로 돌을 가져오면 2개의 돌이 쌓이게 됩니다. 친구 δ양이 가져가서 ε군은 돌이 없어졌죠? 상인들이 돈을 지출

하면 마이너스 부호를 이용하여 나타내듯이 ε군의 돌이 없어졌으니까 마이너스 부호 '−'를 이용하여 돌의 수를 수열로 나타내면 −1, −2, −3, −4, ……가 돼요. 마이너스 부호가 처음 사용된 것은 1489년 비트만이 쓴 《산술서》랍니다. 덧셈 기호인 +는 라틴어 et로 '더하다'라는 뜻이고, 뺄셈 기호 −는 라틴어로 '빼다'라는 뜻의 minus를 간단히 m으로 사용하다가 −로 쓰이게 되었다고 해요.

ε군이 사도가 나올 때마다 돌을 쌓는 것은 + 이고, δ양이 뺏어 가는 돌을 나타내는 수열에서는 − 입니다. 부호가 다른 이유를 알겠죠? 그리고 보통 + 기호는 생략하기 때문에 사도가 나올 때마다 쌓은 돌을 나타내는 수열에서는 + 기호를 생략했어요.

−1, −2, −3, −4, ……에서 n번째 항은 $-n$이 됩니다. 그럼 이 수열 $\{-n\}$의 끝은 어디일까요? $n \to \infty$이면 돌을 가져오는 수가 점점 많아지니까 ∞만큼의 돌이 생긴답니다. 그런데 빼서 가져오는 것이니까 뺀다는 뜻으로 앞에 마이너스를 붙일게요. 그러면 무한대 기호 ∞와 마이너스 기호 −를 이용하여 수열 $\{-n\}$의 극한을 기호로 나타낼 수 있어요. 마찬가지로 두

가지 방법으로 수열의 극한을 나타낼게요.

① $n \to \infty$일 때 $a_n \to -\infty$이다.
② $\lim\limits_{n \to \infty} a_n = -\infty$

수열 $\{n\}$과 $\{-n\}$이 모두 일정한 값에 수렴하지 않으므로 발산입니다. 그럼 두 수열의 극한 표시를 비교해 볼까요?

$$\lim_{n \to \infty} n = \infty \text{이고} \lim_{n \to \infty} (-n) = -\infty$$

두 수열 모두 발산이라고 했는데 수열 $\{n\}$은 양의 부호를 가지고 수열 $\{-n\}$은 음의 부호를 가지므로 두 수열의 부호는 다릅니다. 그래서 두 수열 모두 발산이긴 하지만 부호를 구분하여 나타내는 용어가 있어요. $+$부호를 가진 수열 $\{n\}$은 양의 부호를 가졌다고 해서 '양의 무한대로 발산한다'고 하고 $-$부호를 가진 수열 $\{-n\}$은 음의 부호를 가졌다고 해서 '음의 무한대로 발산한다'고 합니다.

항의 수 n이 한없이 커짐에 따라 어떠한 일정한 값을 가지는 것이 수렴이고 일정한 값을 가지지 않는 것은 발산이라고 했습니다. 그런데 −1, +1, −1, +1, −1, +1, −1, +1, −1, ……인 수열 $\{(-1)^n\}$은 n이 점점 커질 때 −1이나 1이 됩니다. 그럼 이 수열은 수렴일까요, 발산일까요?

"가까워지는 값이 1이나 −1 이렇게 숫자로 있으니까 수렴이지 않을까?"

"아니야! 일정한 값이 아니라 2개의 숫자니까 발산이야!"

아이들은 수렴인지 발산인지 서로 다른 답을 말하며 웅성거리고 있습니다.

수열이 가까워지는 값인 극한값은 하나의 수열에 하나만 존

재한다고 했죠? 그런데 수열 $\{(-1)^n\}$은 일정한 값을 하나만 가지는 것이 아니라 1과 -1 이렇게 두 개의 값을 가집니다. 그래서 이런 수열도 발산이라고 해요.

수열 $\{(-1)^n\}$의 항들을 그려 볼게요. 우선 가로와 세로에 수직선을 그립니다. 가로선에 1, 2, 3, ……을 써서 첫 번째 항, 두 번째 항, 세 번째 항…… 이렇게 항의 번호를 나타내고 세로선에는 이 항의 수를 나타냅니다.

수열 $\{(-1)^n\}$의 첫 번째 항이 $a_1=-1$이므로 이것을 나타내 봅시다. 우선 수직선의 가로에 a_1의 항의 번호 1을 씁니다.

그리고 첫 번째 항이 -1이므로 항의 번호 1에서 -1만큼 내려가서 점을 찍습니다.

이렇게 항의 수를 나타낸 점들을 선으로 이어 보았습니다.

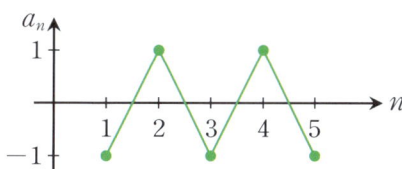

이 점들을 따라 선을 그려 보면 왔다 갔다 하죠? 괘종시계의 시계추가 왔다 갔다 하는 것처럼 발산하는 수열 $\{(-1)^n\}$의 수들이 왔다 갔다 합니다. 이렇게 무한수열에서 $n \to \infty$에 따라 수렴하지도 않고 양의 무한대나 음의 무한대 중 하나로 발산하지도 않는 수열을 진동한다고 합니다.

$\{1+(-1)^n\}$와 같은 수열도 수열의 극한을 구해 보면 $1-1$, $1+1$, $1-1$, $1+1$, …… 이렇게 $0, 2, 0, 2, ……$로 왔다 갔다 하니까 진동이 됩니다.

이제 수렴과 발산의 뜻을 모두 알았으니까 지난 시간에 풀지 못한 문제를 풀 수 있겠죠? $\{2n-1\}$에서 항을 나열하면 $1, 3, 5, 7, 9, ……$가 돼요. 사각수에서 점들이 홀수였죠?

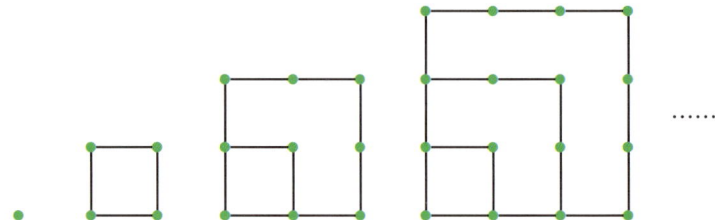

사각수에서도 알 수 있듯이 나열되는 점이 점점 많아져요. 그리고 나열되는 점의 수 1, 3, 5, ……의 부호는 양이므로 이 무한수열은 양의 무한대로 발산하게 됩니다.

$$\lim_{n \to \infty}(2n+1)=\infty$$

예전에 무한이 숨어 있다고 한 코크 곡선도 극한을 구할 수 있어요. 정삼각형으로 만든 코크 곡선에서 곡선이 만들어질수록 변의 수는 3개, 12개, 48개, 192개, …… 이렇게 변했습니다.

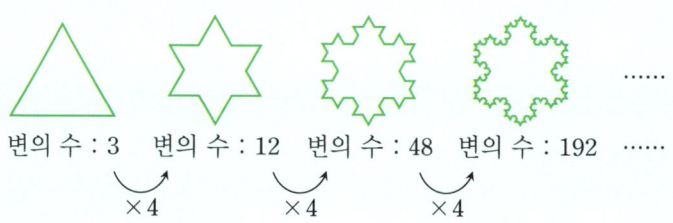

첫 번째 변의 수=3
두 번째 변의 수=3×4
세 번째 변의 수=12×4=(3×4)×4=3×4²
네 번째 변의 수=48×4=(3×4²)×4=3×4³

  똑같이 4를 곱해서 만들어지므로 변의 수를 나타내는 수열의 일반항은 $3 \times 4^{n-1}$이 됩니다. 이 수열 $\{3 \times 4^{n-1}\}$에서 똑같이 곱해지는 수 4는 이 수열의 공비입니다. 이 눈꽃송이의 선분의 극한은 무한이 되겠죠? 이렇게 등비수열 중에서 공비가 1보다 크면 수열의 극한은 항상 무한이 됩니다.

수업 정리

❶ n이 한없이 커질 때, 일정한 값에 가까워지지 않으면 이 수열은 발산한다고 합니다. 발산은 세 가지 종류가 있습니다.

① 양의 무한대로 발산

수열 $a_n = \{n\}$: 1, 2, 3, 4, ……와 같이 양의 부호를 가지면서 점점 커져 ∞로 가는 수열을 양의 무한대로 발산한다고 하고 $\lim_{n \to \infty} a_n = \infty$로 나타냅니다.

② 음의 무한대로 발산

수열 $a_n = \{-n\}$: -1, -2, -3, -4, ……와 같이 숫자가 점점 커져 ∞로 가지만 음의 부호를 가지는 수열을 음의 무한대로 발산한다고 하고 $\lim_{n \to \infty} a_n = -\infty$로 나타냅니다.

③ 진동

수열 -1, 1, -1, 1, ……과 같이 일정한 값에 가까워지지 않고 양의 무한대나 음의 무한대 중 하나로 발산하지 않는 경우의 수열을 진동한다고 합니다.

❷ 삼각형에서 코크 곡선을 만들 때, 똑같은 수 4가 곱해져서 만들어진 수열 3, 12, 48, 192, ……를 등비수열이라고 하고 이 때, 똑같이 곱해지는 수 4를 이 수열의 공비라고 합니다.

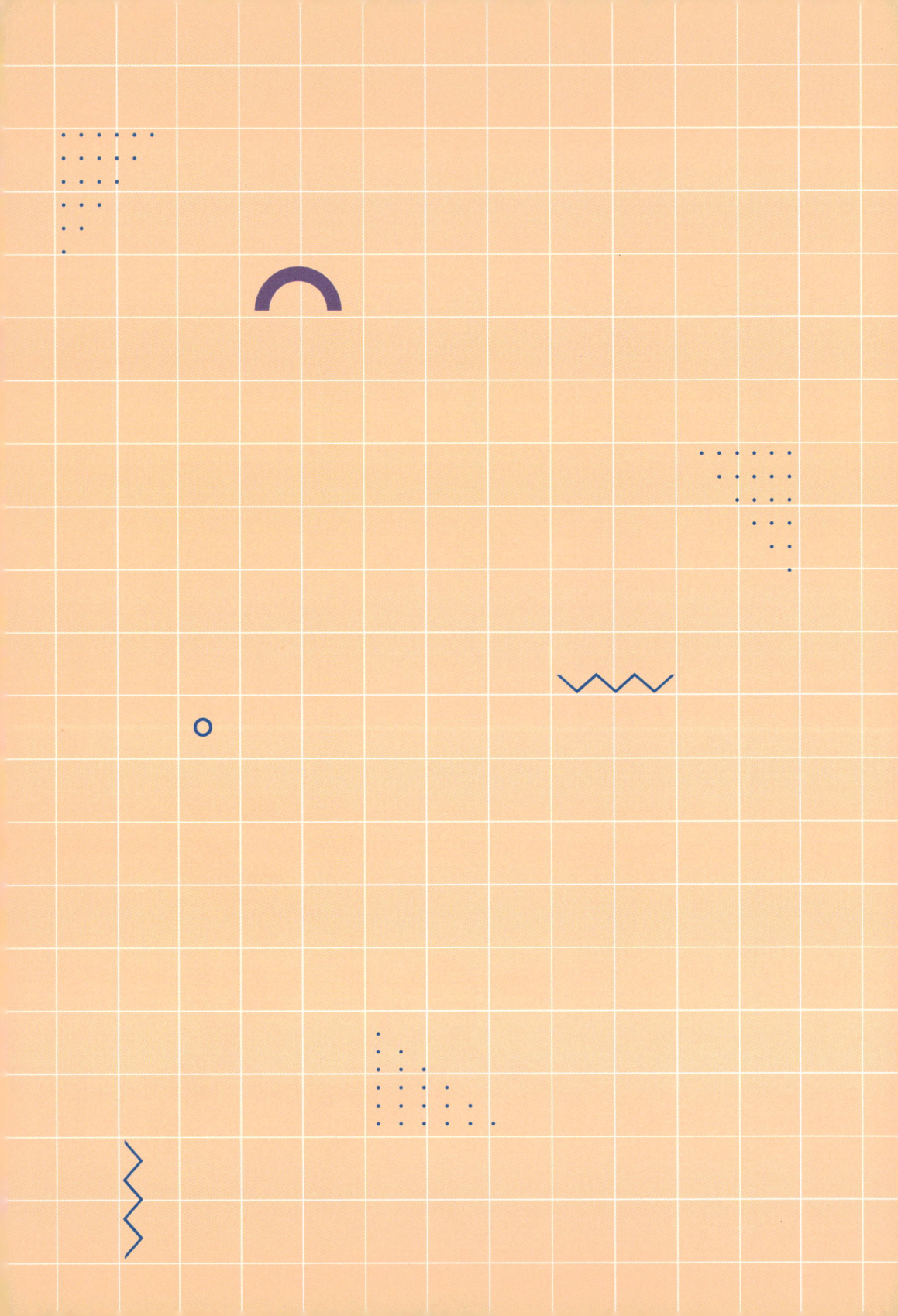

5교시

우리는 절친입니다

수열 하나만으로 극한을 구할 수 없는 경우는 어떻게 할까요?
절친 수열의 끝과 비교하여 극한을 구해 봅시다.

수업 목표

1. 샌드위치 정리를 이용하여 수열의 극한을 구할 수 있습니다.
2. 비교판정법을 이용하여 수열이 수렴하는지 발산하는지 알 수 있습니다.

미리 알면 좋아요

1. **등호** 등호 '='는 서로 같음을 나타내는 기호로 영국의 수학자 레코드가 쓴 책 《지혜의 숫돌》에서 처음으로 사용하였습니다. 레코드는 등호로 =을 사용하는 이유를 '길이가 같은 평행선만큼 같은 것은 없기 때문'이라고 했습니다. 처음에는 ═와 같이 옆으로 길게 썼으나 점차 현재 =와 같이 짧은 길이로 변했습니다.
예를 들어 동생이 용돈을 가지고 1개에 100원 하는 사탕을 10개 사면 100×10원을 사용한 것이고 내가 500원 하는 과자 2개를 사서 500×2원을 사용하면 내가 쓴 돈과 동생이 쓴 돈이 1000원으로 같습니다. 이것을 등호를 사용하여 $100 \times 10 = 500 \times 2$라고 나타냅니다.

2. **부등호** 같지 않음을 나타내는 기호를 부등호라고 합니다. 부등호의 종류와 그 의미는 다음과 같습니다.
   ① $>$: 크다, 초과
   ② $<$: 작다, 미만
   ③ $\geq$: 크거나 같다, 이상
   ④ $\leq$: 작거나 같다, 이하

숫자 3과 2의 크기를 비교하여 3이 크면 $3>2$라고 나타냅니다. 한 박스에 들어 있는 오렌지의 무게를 하나씩 재어 보니 10g부터 20g까지 다양하게 있다면 (오렌지의 무게)=10g인 것부터 (오렌지의 무게)=20g인 것까지 있는 것입니다. 즉, 10≤(오렌지의 무게)이고 (오렌지의 무게)≤20이므로 이것을 이어서 10≤(오렌지의 무게)≤20이라고 나타낼 수 있습니다. 이렇게 부등호를 사용하면 크고 작음을 비교할 수 있습니다.

3. **삼각비** 직각삼각형에서 두 변의 길이의 비를 삼각비라고 합니다. 아래 첫 번째 삼각형의 각 θ에서 밑변에 대한 높이의 비는 $\frac{3}{4}$이고 두 번째 삼각형의 각 a에서 밑변에 대한 높이의 비는 $\frac{8}{5}$입니다. θ와 a와 같이 각의 크기가 다를 때 직각삼각형의 삼각비도 변하게 됩니다.

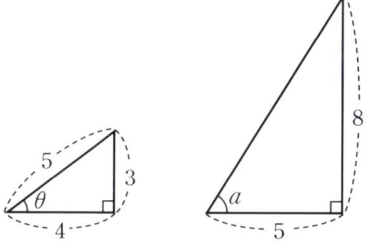

바이어슈트라스의
다섯 번째 수업

    오늘은 절친 수열들을 만나 볼 거예요. 절친한 수열들은 보기에는 달라 보여도 아주 특별한 공통점이 있기 때문에 절친이라고 부른답니다.

    $a_n=\{1\}$과 $b_n=\left\{\dfrac{n}{n}\right\}$인 두 수열의 극한을 구해 볼까요? a_n은 어떤 수열인지 쉽게 나열할 수 있죠? a_n : 1, 1, 1, …… 이렇게요.

    이때 a_n의 극한을 구하면 $\lim\limits_{n\to\infty} a_n = 1$이 됩니다. 이번에는 b_n도 항의 순서대로 나열해 봅시다. $\dfrac{1}{1}, \dfrac{2}{2}, \dfrac{3}{3}, \cdots\cdots$ 분모와 분

자가 같으니까 약분할 수 있어요. 그러면 b_n : 1, 1, 1, ……이 되므로 $\lim\limits_{n \to \infty} b_n = 1$이 됩니다. 이렇게 극한이 같은 것끼리는 친한 친구 사이랍니다. 지금부터 이렇게 극한이 같은 친한 친구 사이를 절친이라고 부를게요.

이번에는 두 무한수열 $a_n = \left\{1 - \dfrac{1}{n}\right\}$과 $b_n = \left\{1 + \dfrac{1}{n}\right\}$을 만나 볼까요?

$\left\{1 - \dfrac{1}{n}\right\}$: 안녕? 난 1에서 $\dfrac{1}{n}$을 뺀 수열이야!

$\left\{1 + \dfrac{1}{n}\right\}$: 안녕? 난 1에서 $\dfrac{1}{n}$을 더한 수열이야!

두 친구 모두 1에서 $\dfrac{1}{n}$을 더하거나 뺀 수열이랍니다. 두 수열을 나열해 보면 똑같이 생기지 않았다는 것을 알 수 있어요. 하지만 겉모습은 달라도 공통점이 있답니다.

$$a_n = \left\{1 - \dfrac{1}{n}\right\} : 1 - \dfrac{1}{1}, 1 - \dfrac{1}{2}, 1 - \dfrac{1}{3}, \cdots\cdots, 1 - \dfrac{1}{n}, \cdots\cdots$$

$$b_n = \left\{1 + \dfrac{1}{n}\right\} : 1 + \dfrac{1}{1}, 1 + \dfrac{1}{2}, 1 + \dfrac{1}{3}, \cdots\cdots, 1 + \dfrac{1}{n}, \cdots\cdots$$

"둘 다 무한수열이고, 1과 $\frac{1}{n}$을 계산한다는 것 말고 똑같은 점이 없는데요?"

겉으로 보기에는 다르게 보여요. 직접 $\{a_n\}$과 $\{b_n\}$의 첫째항부터 비교해 볼까요?

$a_1=1$이고 $b_1=2$입니다.
$a_2=1-\frac{1}{2}=\frac{1}{2}$이고 $b_2=1+\frac{1}{2}=\frac{3}{2}$입니다.
$a_3=1-\frac{1}{3}=\frac{2}{3}$이고 $b_3=1+\frac{1}{3}=\frac{4}{3}$입니다.

이렇게 항을 구해 보면 같은 순서의 항의 값이 다 다르게 나와요. 그리고 각 항의 크기를 비교하면 $a_1<b_1, a_2<b_2, a_3<b_3$인 것처럼 같은 순서에서 수열의 수를 비교하면 $a_n<b_n$입니다. 우리가 지난 시간까지 무한수열의 극한을 배웠으니까 두 수열의 극한도 비교해 봐야겠죠? 두 수열 모두 1과 $\frac{1}{n}$을 계산하는 것이니까 지난 시간에 배운 수렴하는 수열의 성질을 이용해서 극한을 구해 봅시다.

1, 1, 1, ……과 같이 나열하는 수열의 극한은 1이죠? $\left\{\frac{1}{n}\right\}$의 극한은 많이 구해서 너무나 익숙할 거예요. $\lim\limits_{n\to\infty}\frac{1}{n}=0$이랍니다.

이제 두 무한수열 $a_n = \left\{1 - \dfrac{1}{n}\right\}$과 $b_n = \left\{1 + \dfrac{1}{n}\right\}$의 극한을 구해 봅시다.

$\{a_n\}$은 1에서 $\dfrac{1}{n}$을 빼는 수열이므로 $\lim\limits_{n \to \infty}\left(1 - \dfrac{1}{n}\right) = 1 - \lim\limits_{n \to \infty}\dfrac{1}{n}$ $= 1 - 0 = 1$로 구할 수 있어요. 마찬가지로 $\{b_n\}$은 1에 $\dfrac{1}{n}$을 더하는 수열이므로 $\lim\limits_{n \to \infty}\left(1 + \dfrac{1}{n}\right) = 1 + \lim\limits_{n \to \infty}\dfrac{1}{n} = 1 + 0 = 1$이 됩니다. 즉, $\lim\limits_{n \to \infty}\left(1 - \dfrac{1}{n}\right) = \lim\limits_{n \to \infty}\left(1 + \dfrac{1}{n}\right) = 1$이 됩니다.

같은 항의 수는 다 다른데 극한을 구해 보니까 같죠? 똑같은 것을 향해서 가는 수열이기 때문에 두 수열 $\left\{1 - \dfrac{1}{n}\right\}$과 $\left\{1 + \dfrac{1}{n}\right\}$은 절친이랍니다. 이렇게 절친인 수열은 각 항의 크기가 다를 수도 있지만 같을 수도 있답니다.

그래서 두 무한수열 $\{a_n\}$, $\{b_n\}$에 대하여 $a_n < b_n$일 때, $\lim\limits_{n \to \infty} a_n \leq \lim\limits_{n \to \infty} b_n$일 수도 있고 $a_n \leq b_n$일 때, $\lim\limits_{n \to \infty} a_n \leq \lim\limits_{n \to \infty} b_n$일 수도 있습니다.

이번에는 $\sin n\theta$를 만나 볼게요!

"선생님, n은 무엇인지 알겠는데 $\sin\theta$는 뭐예요?"

이제 설명해 줄게요. 칠판에 직각삼각형을 그리고 한 각의 이름을 θ라고 할게요. 가장 긴 길이는 빗변이고 θ 밑에는 밑변, 나머지 하나는 높이가 됩니다.

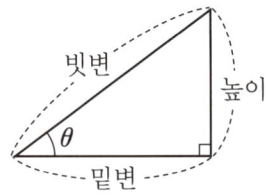

3개의 변을 2개씩 짝을 지으면 빗변과 높이, 빗변과 밑변, 밑변과 높이가 됩니다. 2개씩 짝을 지어 변의 길이의 비를 구한 것에는 각각의 이름이 있어요.

빗변에 대한 높이의 비는 $\dfrac{(높이)}{(빗변)}$: 사인sin

빗변에 대한 밑변의 비는 $\dfrac{(밑변)}{(빗변)}$: 코사인cos

밑변에 대한 높이의 비는 $\dfrac{(높이)}{(밑변)}$: 탄젠트tan

이렇게 삼각형에서 두 변의 길이의 비를 나타내는 사인sin, 코사인cos, 탄젠트tan를 삼각비라고 합니다. 다음 삼각형에서 삼각비를 구해 볼까요?

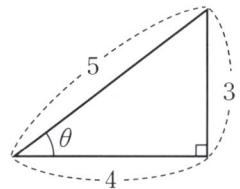

θ는 두 변이 이루는 각의 크기랍니다. 이제 변의 이름을 정하고 길이를 알아봅시다. θ 아래의 밑변의 길이는 4입니다. 그리고 가장 긴 빗변의 길이는 5, θ와 마주 보는 변인 높이의 길이는 3입니다. 각 θ에 대해 빗변, 밑변, 높이를 정했기 때문에 삼각비의 이름에 θ라는 말을 적어 줍니다. 그럼 삼각비를 구해 볼까요?

$$\sin\theta = \frac{(높이)}{(빗변)} = \frac{3}{5},\ \cos\theta = \frac{(밑변)}{(빗변)} = \frac{4}{5},\ \tan\theta = \frac{(높이)}{(밑변)} = \frac{3}{4}$$

두 변 사이의 각인 θ가 변하면서 삼각비의 값도 변하게 돼요. 하지만 신기하게도 사인sin, 코사인cos의 값은 항상 -1부터 1까지의 값을 가지므로 사인과 코사인이 가질 수 있는 값의 범위를 부등호로 나타낼 수 있습니다.

$$-1 \leq \sin\theta \leq 1,\ -1 \leq \cos\theta \leq 1$$

수열 $\{\sin(90° \times n)\} = 1, 0, -1, 0, 1, 0, -1, 0, 1, \cdots\cdots$ 이렇게 4개의 값을 반복해서 가져요. 그럼 이 수열은 수렴일까요, 발산일까요?

일정한 값을 가지지 않기 때문에 발산입니다. 그런데 사인이 들어간 수열 중에는 수렴해서 절친이 있는 수열도 있답니다. 이 수열을 n으로 나누어 볼게요.

$$\left\{\frac{\sin(90° \times n)}{n}\right\} : \frac{1}{1}, \frac{0}{2}, \frac{-1}{3}, \frac{0}{4}, \frac{1}{5}, \frac{0}{6}, \frac{-1}{7}, \frac{0}{8}, \frac{1}{9}, \cdots\cdots$$

이 수열의 극한이 보이나요? $\frac{1}{1}, \frac{0}{2}, \frac{-1}{3}, \frac{0}{4}, \frac{1}{5}, \frac{0}{6}, \frac{-1}{7}, \frac{0}{8}, \frac{1}{9}, \cdots\cdots$의 숫자를 계산해서 조금 더 간단하게 보면 $1, 0, -\frac{1}{3}, 0, \frac{1}{5}, 0, -\frac{1}{7}, 0, \frac{1}{9}, \cdots\cdots$이 됩니다.

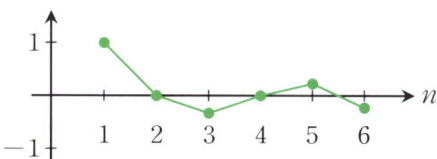

이렇게 이 수열의 극한을 구하면 0이 됩니다. 그래서 사인과 코사인이 있는 수열의 절친 수열은 $\left\{-\frac{1}{n}\right\}$과 $\left\{\frac{1}{n}\right\}$이에요.

$\sin n\theta$는 항상 -1과 1 사이의 값을 가지기 때문에 수렴하지 않지만 n으로 나누면 수렴하게 되죠? 그래서 θ의 크기를 몰라도 사인이 항상 -1과 1 사이에 있어서 $\sin n\theta$의 범위를 나타내는 부등식 $-1 \leq \sin n\theta \leq 1$을 모두 n으로 나누면 절친을 찾을 수 있답니다. -1을 n으로 나누면 $\frac{-1}{n} = -\frac{1}{n}$이고 1을 n으로 나누면 $\frac{1}{n}$이죠?

$$-\frac{1}{n} \leq \frac{\sin n\theta}{n} \leq \frac{1}{n}$$

부등호에 있는 절친인 세 수열의 극한을 구해 볼게요.

$$\lim_{n\to\infty} -\frac{1}{n} \leq \lim_{n\to\infty} \frac{\sin n\theta}{n} \leq \lim_{n\to\infty} \frac{1}{n}$$

두 무한수열 $\left\{-\dfrac{1}{n}\right\}$ 과 $\left\{\dfrac{1}{n}\right\}$ 의 극한은 모두 0이죠? 그래서 $0 \leq \lim\limits_{n\to\infty} \dfrac{\sin n\theta}{n} \leq 0$ 이 됩니다. 0과 0 사이에 수열 $\left\{\dfrac{\sin n\theta}{n}\right\}$ 가 샌드위치처럼 가운데 있죠? $\sin n\theta$ 를 n 으로 나눈 수열 $\left\{\dfrac{\sin n\theta}{n}\right\}$ 의 극한은 0과 0 사이에 있어서 $\lim\limits_{n\to\infty} \dfrac{\sin n\theta}{n} = 0$ 이 됩니다. 이렇게 둘 사이에 샌드위치처럼 끼어 있는 수열의 극한은 부등호 끝의 두 수열의 극한으로 구할 수 있답니다. 이렇게 수열의 극

한을 구하는 방법을 샌드위치 정리라고 합니다.

수열 $\{a_n\}$이 모든 자연수 n에 대해 $\{2n-1000\}$과 $\{2n+1000\}$ 사이에 있어요. 그러면 수열 $\left\{\dfrac{a_n}{n}\right\}$의 극한이 얼마일지도 구할 수 있답니다.

우선 부등호의 식을 n으로 나눕니다. 이때, $2n$을 n으로 나누면 $\dfrac{2n}{n}=2$이고 1000을 n으로 나누면 $\dfrac{1000}{n}$이므로 부등식은 이렇게 쓸 수 있습니다.

$$2-\dfrac{1000}{n}<\dfrac{a_n}{n}<2+\dfrac{1000}{n}$$

부등호에 있는 모든 수열에 극한을 구해야 해요. 이때, 수열 $\left\{2-\dfrac{1000}{n}\right\}$이 수열 $\left\{\dfrac{a_n}{n}\right\}$보다 작지만 극한값을 구하면 같을 수도 있죠? 그래서 부등호에 등호를 써서 극한을 나타낼게요.

$$\lim_{n\to\infty}\left(2-\dfrac{1000}{n}\right)\leq\lim_{n\to\infty}\dfrac{a_n}{n}\leq\lim_{n\to\infty}\left(2+\dfrac{1000}{n}\right)$$

이제 두 수열 $\left\{2-\dfrac{1000}{n}\right\}$과 $\left\{2+\dfrac{1000}{n}\right\}$의 극한을 구하면 된답니다. $\dfrac{1000}{n}$에서 n이 무한히 가면 갈수록 1000을 아주 큰 숫

자로 나누니까 0에 가까워져요. 그래서 $\left\{2-\dfrac{1000}{n}\right\}$은 2에서 0에 가까운 숫자를 빼는 것이고 $\left\{2+\dfrac{1000}{n}\right\}$은 2에서 0에 가까운 숫자를 더하는 것이니까 둘 다 2로 수렴해요.

$$2 \leq \lim_{n \to \infty} \dfrac{a_n}{n} \leq 2$$

그럼 2개의 2 사이에 샌드위치처럼 끼어 있으니까 $\lim\limits_{n \to \infty} \dfrac{a_n}{n}$ $=2$입니다. 그래서 $\left\{2-\dfrac{1000}{n}\right\}$과 $\left\{\dfrac{a_n}{n}\right\}$ 그리고 $\left\{2+\dfrac{1000}{n}\right\}$은 수렴하는 값이 같으므로 절친인 수열이랍니다.

비교판정법

수렴하는 수열들만 절친이 있을까요? $\dfrac{1}{1}, \dfrac{1}{2}, \dfrac{1}{3}, \dfrac{1}{4}, \dfrac{1}{5}, \cdots\cdots$ 을 이용한 특별한 수열의 절친을 생각해 봅시다.

"선생님! $\dfrac{1}{1}, \dfrac{1}{2}, \dfrac{1}{3}, \dfrac{1}{4}, \dfrac{1}{5}, \cdots\cdots$은 별로 특별해 보이지 않아요. 우리가 0으로 수렴한다고 배운 수열 $\left\{\dfrac{1}{n}\right\}$이잖아요."

아직 선생님이 다 쓰지 않았는데 눈치 빠른 학생이 수열 $\left\{\dfrac{1}{n}\right\}$을 생각해 냈군요. 그런데 선생님이 쓰는 수열은 $\left\{\dfrac{1}{n}\right\}$의 수열의 항을 모두 더한 수열이랍니다.

수열 $\{a_n\}$의 첫 번째 항은 $a_1 = \dfrac{1}{1}$입니다.

수열 $\{a_n\}$의 두 번째 항은 $a_2 = \dfrac{1}{1} + \dfrac{1}{2}$입니다.

수열 $\{a_n\}$의 세 번째 항은 $a_3 = \dfrac{1}{1} + \dfrac{1}{2} + \dfrac{1}{3}$입니다.

그럼 $\{a_n\}$의 네 번째 항은 무엇일까요? 바로 $\left\{\dfrac{1}{n}\right\}$의 네 번째 항까지 더한 $\dfrac{1}{1} + \dfrac{1}{2} + \dfrac{1}{3} + \dfrac{1}{4}$입니다. 이렇게 수열 $\left\{\dfrac{1}{n}\right\}$의 항들을 더하는 수열을 $\{a_n\}$이라고 합시다. 그럼 $\{a_n\}$의 극한은 수렴할까요, 발산할까요?

"1보다 작은 숫자들을 계속 더하니까 점점 작아서 나중에는 0에 가까운 수를 더하게 되는 것이잖아요. 그러니까 수렴하게

될 거예요."

숫자만 보면 그렇게 보일 수도 있지만 이 수열은 신기하게도 발산한답니다.

$\frac{1}{1}+\frac{1}{2}+\frac{1}{3}+\frac{1}{4}+\frac{1}{5}+\frac{1}{6}+\frac{1}{7}+\frac{1}{8}+\cdots\cdots$의 숫자들을 처음에는 2개, 두 번째는 4개, 세 번째는 8개, …… 이렇게 괄호를 묶어서 나타내 볼게요.

$$\frac{1}{1}+\frac{1}{2}+\left(\frac{1}{3}+\frac{1}{4}\right)+\left(\frac{1}{5}+\frac{1}{6}+\frac{1}{7}+\frac{1}{8}\right)+\cdots\cdots$$

괄호에 있는 숫자들을 봅시다.

첫 번째 괄호 $\left(\frac{1}{3}+\frac{1}{4}\right)$에서 $\frac{1}{3}$은 1을 3개의 조각으로 나눈 것 중 하나이고 $\frac{1}{4}$은 1을 4개의 조각으로 나눈 것 중 하나이므로 $\left(\frac{1}{3}+\frac{1}{4}\right)$의 크기는 $\left(\frac{1}{4}+\frac{1}{4}\right)$보다 큽니다.

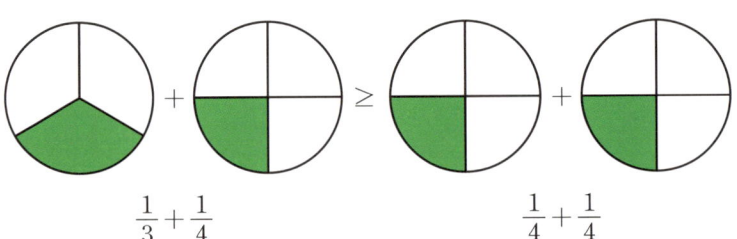

그래서 수열 $\frac{1}{1}+\frac{1}{2}+\left(\frac{1}{3}+\frac{1}{4}\right)+\left(\frac{1}{5}+\frac{1}{6}+\frac{1}{7}+\frac{1}{8}\right)+$ ……에서 $\left(\frac{1}{3}+\frac{1}{4}\right)$ 대신에 $\left(\frac{1}{4}+\frac{1}{4}\right)$ 을 쓴 수열보다 큽니다.

$$\frac{1}{1}+\frac{1}{2}+\left(\frac{1}{3}+\frac{1}{4}\right)+\left(\frac{1}{5}+\frac{1}{6}+\frac{1}{7}+\frac{1}{8}\right)+\cdots\cdots$$
$$\geq \frac{1}{1}+\frac{1}{2}+\left(\frac{1}{4}+\frac{1}{4}\right)+\left(\frac{1}{5}+\frac{1}{6}+\frac{1}{7}+\frac{1}{8}\right)+\cdots\cdots$$

$\left(\frac{1}{3}+\frac{1}{4}\right)$ 대신에 쓴 $\left(\frac{1}{4}+\frac{1}{4}\right)$ 에서 $\frac{1}{4}+\frac{1}{4}=\frac{1}{2}$ 이므로 수열의 대소 관계를 이렇게 나타낼 수 있어요.

$$\frac{1}{1}+\frac{1}{2}+\left(\frac{1}{3}+\frac{1}{4}\right)+\left(\frac{1}{5}+\frac{1}{6}+\frac{1}{7}+\frac{1}{8}\right)+\cdots\cdots$$
$$\geq \frac{1}{1}+\frac{1}{2}+\frac{1}{2}+\left(\frac{1}{5}+\frac{1}{6}+\frac{1}{7}+\frac{1}{8}\right)+\cdots\cdots$$

이번에는 두 번째 괄호 $\left(\frac{1}{5}+\frac{1}{6}+\frac{1}{7}+\frac{1}{8}\right)$ 을 계산해 볼게요. 괄호 안의 4개의 수 $\frac{1}{5}, \frac{1}{6}, \frac{1}{7}, \frac{1}{8}$ 중에서 가장 작은 수는 $\frac{1}{8}$ 이죠? 그래서 $\frac{1}{5}+\frac{1}{6}+\frac{1}{7}+\frac{1}{8}$ 은 $\frac{1}{8}$ 을 4개 더한 것보다 크므로 $\frac{1}{5}+\frac{1}{6}+\frac{1}{7}+\frac{1}{8} \geq \frac{1}{8}+\frac{1}{8}+\frac{1}{8}+\frac{1}{8}$ 입니다.

$\frac{1}{8}+\frac{1}{8}+\frac{1}{8}+\frac{1}{8}=\frac{1}{2}$이므로 수열 $\frac{1}{1}+\frac{1}{2}+\left(\frac{1}{3}+\frac{1}{4}\right)+\left(\frac{1}{5}+\frac{1}{6}+\frac{1}{7}+\frac{1}{8}\right)+\cdots\cdots$의 두 번째 괄호 대신에 $\left(\frac{1}{8}+\frac{1}{8}+\frac{1}{8}+\frac{1}{8}\right)$을 쓰면 $\{a_n\}$은 오른쪽의 수열보다 크게 됩니다.

$$\frac{1}{1}+\frac{1}{2}+\left(\frac{1}{3}+\frac{1}{4}\right)+\left(\frac{1}{5}+\frac{1}{6}+\frac{1}{7}+\frac{1}{8}\right)+\cdots\cdots$$
$$\geq \frac{1}{1}+\frac{1}{2}+\frac{1}{2}+\frac{1}{2}+\cdots\cdots$$

첫 번째 괄호와 두 번째 괄호 모두 $\frac{1}{2}$보다 크죠? 그럼 세 번째 괄호도 그럴까요? 세 번째 괄호는 $\left(\frac{1}{9}+\frac{1}{10}+\frac{1}{11}+\frac{1}{12}+\frac{1}{13}+\frac{1}{14}+\frac{1}{15}+\frac{1}{16}\right)$이 됩니다. 그럼 여기의 8개의 분수 중 가장 작은 것이 $\frac{1}{16}$이므로 마찬가지로 $\frac{1}{9}+\frac{1}{10}+\frac{1}{11}+\frac{1}{12}+\frac{1}{13}+\frac{1}{14}+\frac{1}{15}+\frac{1}{16}\geq\frac{1}{2}$이 됩니다.

왼쪽의 수열과 오른쪽의 수열을 비교해서 극한이 수렴인지 발산인지 판정해 볼까요? 신비한 수열 $\{a_n\}$은 부등호의 오른쪽에 있는 수열 $\frac{1}{1}+\frac{1}{2}+\frac{1}{2}+\frac{1}{2}+\frac{1}{2}+\cdots\cdots$보다 크게 됩니다.

$$\frac{1}{1}+\frac{1}{2}+\frac{1}{3}+\frac{1}{4}+\frac{1}{5}+\frac{1}{6}+\frac{1}{7}+\frac{1}{8}+\cdots\cdots$$
$$\geq \frac{1}{1}+\frac{1}{2}+\frac{1}{2}+\frac{1}{2}+\frac{1}{2}+\frac{1}{2}+\cdots\cdots$$

오른쪽에서 $\frac{1}{2}$을 무한히 더하면 무한대가 되죠? 오른쪽과 왼쪽을 비교하면 오른쪽의 무한대보다 왼쪽의 수열이 더 크니까 왼쪽의 수열의 합은 무한대보다 큽니다. 무한대보다 크다는 것은 무한대죠? 이렇게 점점 작아지는 수를 더해도 그 값이 무한히 커질 수 있습니다. 이렇게 두 수열을 비교해서 수열의 수렴과 발산을 판정하는 방법을 비교판정법이라고 합니다. 그럼 무한히 더하면 항상 무한대가 될까요? 다음 시간에는 수열을 무한히 더했을 때의 극한을 구해 보도록 하겠습니다.

수업 정리

❶ 두 무한수열 $\{a_n\}$, $\{b_n\}$에 대하여 $a_n < b_n$일 때 $\lim\limits_{n\to\infty} a_n \leq \lim\limits_{n\to\infty} b_n$일 수도 있고, $a_n \leq b_n$일 때 $\lim\limits_{n\to\infty} a_n \leq \lim\limits_{n\to\infty} b_n$일 수도 있습니다.

❷ 무한수열 $\{c_n\}$에 대하여 수열 $\{a_n\}$과 $\{b_n\}$이 모든 자연수 n에서 $a_n \leq c_n \leq b_n$일 때, $\lim\limits_{n\to\infty} a_n = \lim\limits_{n\to\infty} b_n$이면 샌드위치 정리에 의해 $\{c_n\}$의 극한도 $\{a_n\}$, $\{b_n\}$의 극한과 같습니다.

❸ $a_n \geq b_n$인 두 수열 $\{a_n\}$과 $\{b_n\}$에서 수열 $\{b_n\}$의 합이 발산하면 비교판정법에 의해 수열 $\{a_n\}$의 합도 발산합니다.

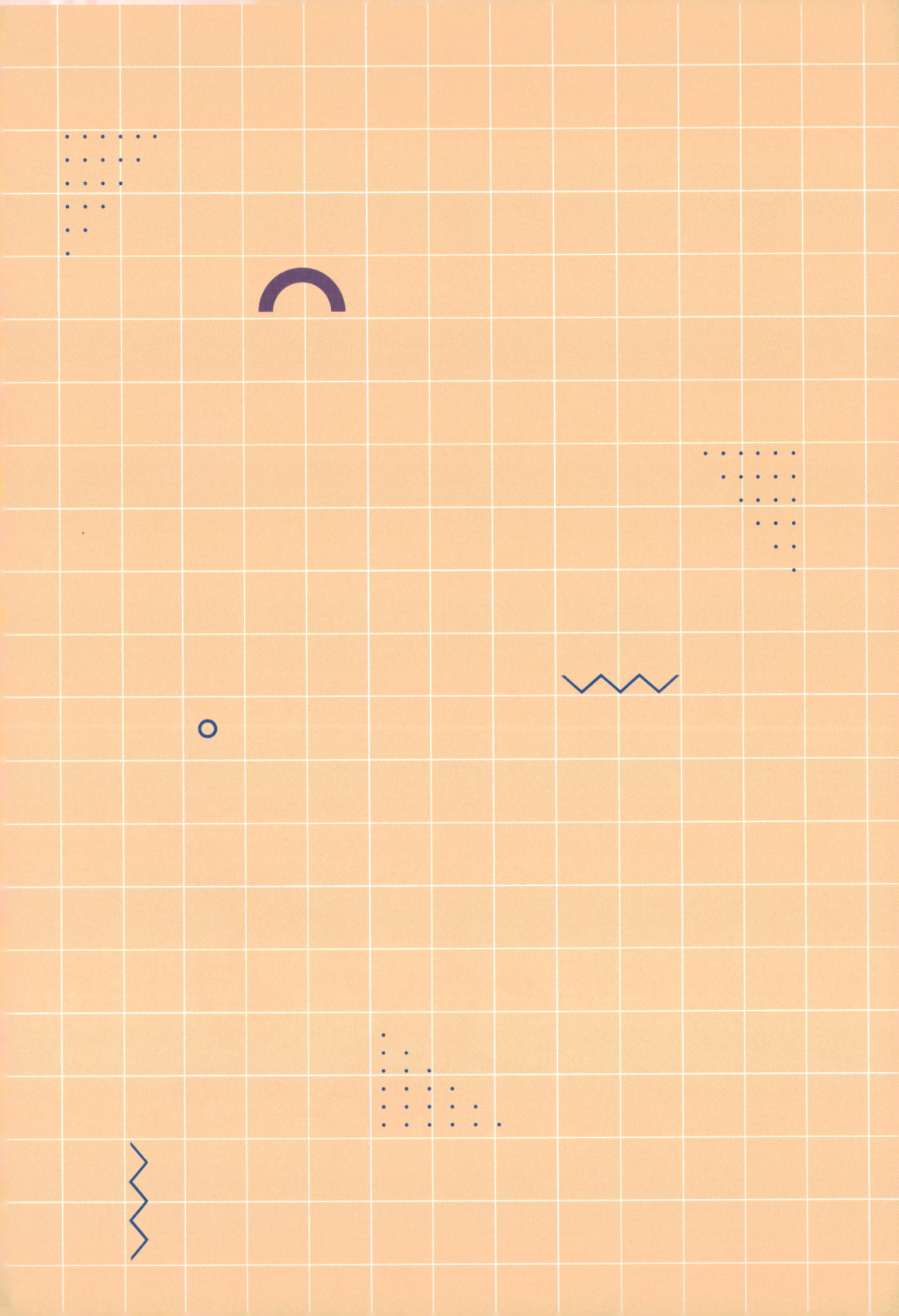

무한수열을 더하면 끝이 있을까?

6교시

무한수열을 더하면 수렴할까요, 발산할까요?
무한급수의 뜻을 알고 수렴, 발산을 판단해 봅시다.

수업 목표

1. 무한급수와 무한급수의 합의 뜻을 알아봅시다.
2. 무한급수의 합의 수렴, 발산을 판단하고 수렴할 때 무한급수의 합을 구해 봅시다.

미리 알면 좋아요

1. **번분수** $\dfrac{\frac{1}{2}}{\frac{4}{3}}, \dfrac{\frac{3}{2}}{5}, \dfrac{2}{\frac{4}{3}}$ 와 같이 분자나 분모가 분수인 수를 번분수라고 합니다.

2. **유한소수** 분수 $\dfrac{1}{2}$ 은 소수로 나타내면 0.5가 됩니다. 이렇게 소수 자리가 유한개인 소수를 유한소수라고 합니다. 하지만 분수 $\dfrac{1}{3}$ 을 소수로 나타내면 0.333……이 됩니다. 이와 같이 소수 부분이 무한히 반복되는 소수를 무한소수라고 하며 무한소수 중 똑같이 반복되는 숫자가 있으면 반복되는 수 위에 점을 찍어 $0.\dot{3}$ 이라고 나타냅니다. 예를 들어 무한소수 $0.\dot{2}\dot{3}$ 의 반복되는 수를 나열하면 $0.\dot{2}\dot{3}=0.232323$……이 됩니다.

소수 ┌ 유한소수 : 소수점 아래 숫자의 개수가 유한한 소수.
　　 └ 무한소수 : 소수점 아래 숫자의 개수가 무한한 소수.

3. **대입** 대입은 대신 넣는다는 뜻으로 문자를 포함한 식에서 그 문자를 주어진 숫자로 바꾸어 넣는 것을 말합니다. $5 \times a + 2$ 에서 a 대신에 3을 대입하면 $5 \times 3 + 2$ 가 됩니다.

바이어슈트라스의
여섯 번째 수업

    지난 시간에 무한수열의 합의 극한을 구했죠? 무한수열 $\{a_n\}$이 있을 때 각 항을 더해서 나타낸 식 $a_1+a_2+a_3+a_4+\cdots\cdots+a_n+\cdots\cdots$을 무한급수라고 합니다. 이번 시간에는 무한급수가 수렴하는지 발산하는지 알아보도록 합시다.

    오늘은 미술실에서 수업할 거랍니다. 그럼 다 함께 미술실로 가 볼까요?

    다음은 한 변의 길이가 1인 정사각형 도화지예요.

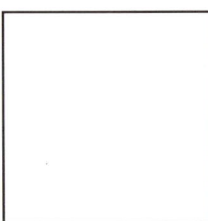

이 도화지를 사등분하여 만들어진 정사각형 한 곳에 색칠해 봅니다.

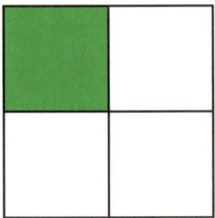

이번에는 사등분된 것 중 하나의 정사각형에 똑같은 방법으로 사등분하여 색칠해 봅시다.

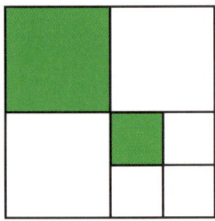

이런 방법을 무한히 반복해 볼까요?

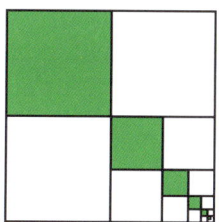

그럼 색칠한 부분의 넓이의 합은 수렴할까요, 발산할까요? 지난 시간에 배웠던 수열 $\frac{1}{1}+\frac{1}{2}+\frac{1}{3}+\frac{1}{4}+\frac{1}{5}+\cdots\cdots$처럼 점점 작아지는 수열을 더해서 무한이 될까요?

눈치가 빠른 학생들은 이 도화지에 색칠한 부분의 넓이와 도화지의 넓이를 비교했을 것 같네요. 도화지는 한 변의 길이가 1인 정사각형이므로 도화지의 넓이는 1입니다. 이 도화지 안에 색칠이 되니까 색칠된 부분의 넓이를 다 더해도 1보다 작겠죠? 이렇게 무한급수가 수렴하기도 합니다. 그럼 색칠된 부분의 넓이의 합을 구해 볼까요?

정사각형의 넓이 1 중에서 처음 색칠한 부분은 이것의 $\frac{1}{4}$입니다. 두 번째로 색칠한 부분은 처음 색칠한 부분의 $\frac{1}{4}$이므로 색칠한 부분의 넓이는 $\frac{1}{4}\times\frac{1}{4}=\frac{1}{16}$입니다.

세 번째로 색칠한 부분은 두 번째 색칠한 부분의 넓이의 $\frac{1}{4}$이므로 색칠한 부분의 넓이는 $\frac{1}{16} \times \frac{1}{4} = \frac{1}{64}$이 됩니다.

색칠한 부분의 넓이를 모두 더해 볼까요?

$$\frac{1}{4} + \frac{1}{16} + \frac{1}{64} + \cdots\cdots$$

숫자가 점점 작아지는데 무한히 더해지는 수를 직접 모두 더할 수는 없겠죠? 그래서 더해지는 수의 수열 $\{a_n\}$을 자세히 살펴볼게요.

$$\{a_n\} : \frac{1}{4}, \frac{1}{16}, \frac{1}{64}, \cdots\cdots$$

$$\frac{1}{4}, \frac{1}{16}, \frac{1}{64}, \frac{1}{256}, \cdots\cdots$$
$$\times\frac{1}{4} \quad \times\frac{1}{4} \quad \times\frac{1}{4}$$

공비가 $\frac{1}{4}$인 등비수열이죠? $\frac{1}{4}+\frac{1}{16}+\frac{1}{64}+\cdots\cdots$와 같이 무한급수 중 더해지는 수의 수열이 등비수열일 때 <mark>무한등비급수</mark>라고 합니다. 무한등비급수가 수렴할 때, 이 등비수열의 공비를 r이라고 하면 무한등비급수의 극한값은 항상 $\frac{a_1}{1-r}$이 됩니다.

그럼 넓이의 합을 구해 볼까요?

공비가 $\frac{1}{4}$이므로 $r=\frac{1}{4}$이고 a_1은 등비수열의 첫 번째 항이므로 $\frac{1}{4}$입니다. 이제 무한등비급수의 합 $\frac{1}{4}+\frac{1}{16}+\frac{1}{64}+\cdots\cdots$을 구하기 위해 $\frac{a_1}{1-r}$의 식에 r 대신에 $\frac{1}{4}$을 대입하고 a_1 대신에

$\frac{1}{4}$을 대입하면 $\frac{\frac{1}{4}}{1-\frac{1}{4}}$이 됩니다. 분수 안에 또 분수가 있죠? 이런 식을 번분수식이라고 해요. 당황하지 말고 전체 분수의 분모와 분자를 따로 생각합시다.

분모는 $1-\frac{1}{4}$이므로 $\frac{3}{4}$이 돼서 넓이의 합은 $\frac{\frac{1}{4}}{1-\frac{1}{4}}=\frac{\frac{1}{4}}{\frac{3}{4}}=\frac{1}{3}$이 됩니다. $\frac{1}{3}$과 같이 무한급수를 계산하여 수렴하는 값을 구했을 때 이 값을 무한급수의 합이라고 합니다.

그럼 무한히 계속되는 무한소수 0.999……의 값도 무한급수로 구할 수 있을까요?

$$0.999\cdots\cdots = 0.9 + 0.09 + 0.009 + 0.0009 + \cdots\cdots$$

무한소수 0.999……는 무한수열 0.9, 0.09, 0.009, 0.0009, ……를 더한 것과 같으므로 수열을 무한히 더하는 무한급수랍니다. 그럼 이 수열을 다 더하면 어떤 값이 될까요?

무한급수에 더해지는 무한수열 0.9, 0.09, 0.009, 0.0009, ……를 자세히 보면 0.9에서 0.09가 되었으니까 0.1을 곱한 것이므로 공비는 0.1이 됩니다. 그럼 무한급수의 합의 극한값은 $\frac{a_1}{1-r}$이므로 $a_1=0.9$, $r=0.1$을 대입하여 계산하면 $0.999……=0.9+0.09+0.009+0.0009+……=\dfrac{0.9}{1-0.1}=\dfrac{0.9}{0.9}=1$이 됩니다.

무한소수 $0.999……$와 소수 부분이 0개인 1이 같은 숫자가 됩니다. 참 신기하게도 무한히 쓰는 숫자가 유한인 숫자 1과 같아지죠? 이렇게 무한히 더한 넓이의 합이 도화지 안의 넓이에 들어가 일정한 값을 가지듯이 무한히 더하는 무한소수 $0.999……$의 값이 유한한 값인 1과 같아집니다.

"무한소수는 $0.999……$가 1에 가까워지는 것인가요, 같은 건가요?"

무한급수는 각 항을 무한히 더해서 나온 값이므로 0.999……의 0.9, 0.09, 0.009, 0.0009, ……를 모두 더한 값이 1이 되는 것이랍니다. 그래서 무한소수 0.999……는 1에 가까워지는 것이 아니라 0.999……와 1은 '같은 값'이랍니다.

이렇게 신기한 무한급수를 이용해 $1-1+1-1+1-1+1-1+……$의 값을 구해 봅시다. 석우가 한번 해 볼까요?

"무한급수를 2개씩 짝을 지어서 $(1-1)+(1-1)+(1-1)+(1-1)+……$로 나타내면 $0+0+0+……$으로 0을 무한히 더하는 것이니까 당연히 0이 됩니다."

몇몇의 학생은 자신이 구한 것이랑 다르다는 표정으로 석우가 말한 답을 보고 있네요.

그럼 2개씩 수의 짝을 지을 때 앞에 1을 두고 2개씩 묶어 볼까요?

$$1+(-1+1)+(-1+1)+(-1+1)+(-1+1)+……$$

그러면 짝을 지은 수들은 모두 0이고 맨 앞의 숫자 1만 남게 되므로 무한급수의 합은 1이 됩니다. 그러면 석우가 구한 것이랑 다르죠? 각 항을 더해서 나온 값은 하나여야 하는데 석우가 구한 것과 내가 구한 것이 다르군요. 이렇게 한 가지로 정해지지 않는 무한급수의 합은 구할 수 없답니다.

지금까지 무한수열이 무엇인지 배우고 무한수열의 수렴, 발산과 무한수열을 무한히 더하는 무한급수의 합까지 구해 봤습니다. 다음 시간에는 무한과 수렴, 발산을 구하려는 수학자들의 노력을 알아보는 시간을 갖겠습니다.

수업 정리

❶ 무한수열 $\{a_n\}$이 있을 때 각 항을 더해서 나타낸 식 $a_1+a_2+a_3+a_4+\cdots\cdots+a_n+\cdots\cdots$을 무한급수라고 하고 무한급수를 계산하여 나온 값을 무한급수의 합이라고 합니다.

❷ 무한급수 중 더해지는 수의 수열이 등비수열일 때 무한등비급수라고 합니다. 공비 r이 $-1<r\leq 1$일 때, 공비 r과 첫째항 a_1을 $\dfrac{a_1}{1-r}$에 대입하여 구할 수 있습니다.

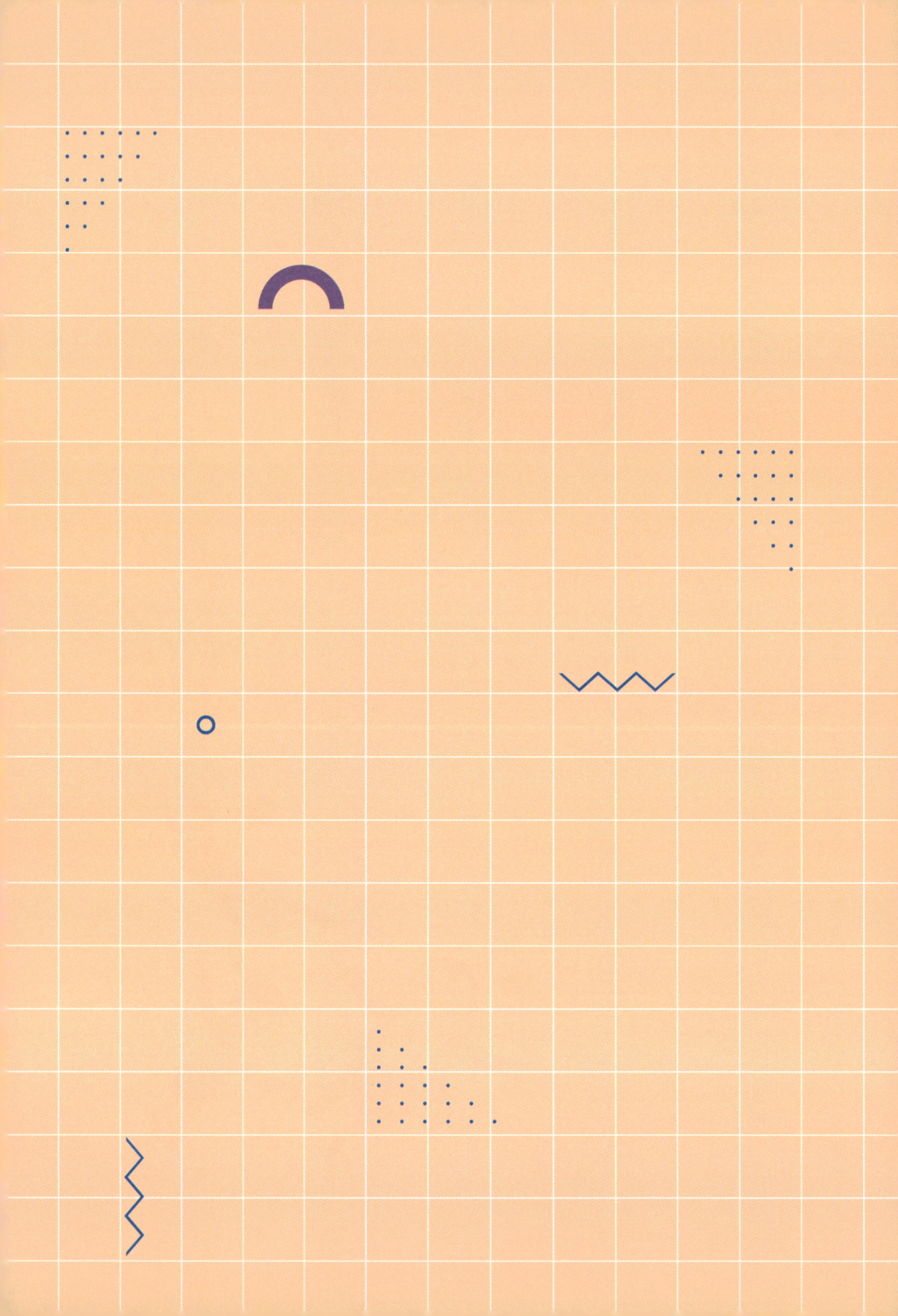

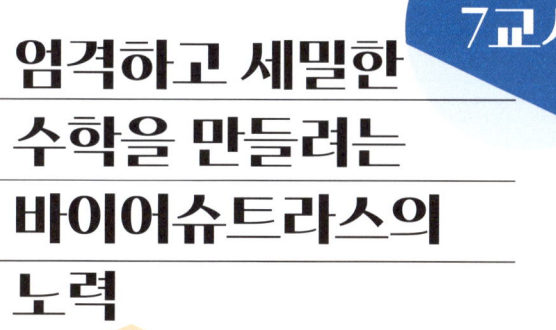

엄격하고 세밀한 수학을 만들려는 바이어슈트라스의 노력

7교시

해석학의 엄밀성은 어떻게 만들어진 것일까요?
해석학의 발달 과정을 알아봅시다.

수업 목표

1. 해석학의 발달 과정을 알아봅시다.
2. '입실론ε-델타δ'법으로 수열의 극한을 표현하는 방법을 알아봅시다.

미리 알면 좋아요

1. **함수**function 두 값 사이에 작용하는 연산을 나타내는 것으로 상자에 수를 넣어 새로운 수가 되게 하는 것입니다. 예를 들어 상자에 3을 넣어서 5가 나올 때 함수의 첫 글자 f를 따서 $f(3)=5$라고 나타냅니다.

$$\boxed{3 \atop f(3) \atop 5}$$

2. **포물선** 포물선은 물체를 비스듬하게 던졌을 때, 그 물체가 올라갔다가 떨어지면서 그리는 선의 모양을 말합니다.

3. **중점** 中중이 '한가운데'를 의미하는 것으로 선분의 양 끝으로부터 한가운데 있는 점을 중점이라고 합니다. 영어로 middle point이기 때문에 보통 중점을 나타낼 때는 점의 이름을 M이라고 씁니다.

4. **실수** 실재하는 수라는 뜻에서 데카르트가 'real number'라는 말을 사용하면서 실수라는 용어가 생겨났습니다. 실수는 유리수와 무리수순환하지 않는 무한소수를 통틀어 실수라고 합니다.

5. **유클리드 기하** 유클리드는 기원전 300년경의 그리스 기하학인 13권의 《기하학 원론》을 집필한 수학자입니다. 이 책은 그 이전의 그리스 수학자들의 연구를 정리·개량한 것으로 19세기까지 번역되어 유럽에서 교과서로 사용되었고 《성경》 다음으로 가장 많이 팔렸다고 합니다. 제1권은 삼각형·평행선·면적, 제2권은 직사각형·정사각형 면적의 변형, 제3권은 원, 제4권은 내접內接 및 외접다각형外接多角形, 제5권은 비례론, 제6권은 닮은꼴, 제7~9권은 유리수론·급수·비례수, 제10권은 무리수론, 제11~13권은 입체기하학을 다루고 있습니다.

바이어슈트라스의 일곱 번째 수업

이제 마지막 수업 시간입니다. 그동안 우리는 수열과 극한, 무한급수에 대해 배웠습니다. 내가 이런 것에 관심을 가지게 된 것은 교사가 되려고 들어간 대학의 구데르만 교수님의 영향이 큽니다. 구데르만 교수님은 타원과 쌍곡선함수에 관심이 많아서 구데르만 함수 $u=gdx$까지 만드신 분입니다. 나에게는 수학에 대한 영감과 수학에 대해 알 수 있는 시간을 주신 무척 고마운 스승이랍니다. 구데르만 교수님이 가르쳐 주신 함수의 멱급수

전개는 내가 수학자로서 생활하는 데 정말 유효한 수단이 되었답니다.

구데르만 교수님에게 강의를 들은 후 중등학교에서 10년 넘게 교사 생활을 하면서도 수학에 대한 관심은 사라지지 않았습니다. 그래서 수학에 대해 연구를 거듭하였고 해석학자로 인정받게 되었어요. 해석학이 무엇이냐고요? 해석학이 무엇인지를 알기 위해서는 우선 미분적분학을 알아야 해요.

우선 다음 사각형을 보세요.

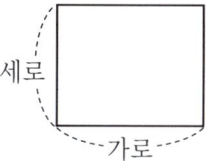

이 직사각형의 넓이는 (가로의 길이)×(세로의 길이)로 구합니다. 간단하죠?

자, 그럼 직사각형의 넓이를 구하는 방법을 기억하며 운동장으로 나가 볼까요? 석우가 친구들과 축구를 하고 있네요. 다른 친구에게 패스하는 모습이 보입니다. 여기서 나는 궁금한 점이

생겼습니다. 석우가 찬 공이 올라갔다 내려왔을 때 생기는 도형의 넓이는 어떻게 구할까요?

아래의 모양은 포물선과 직선으로 만들어진 것이랍니다.

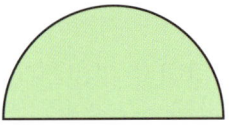

이 도형의 넓이를 구하는 방법에 대한 고민은 고대 수학자들

부터 시작합니다. 이 도형의 넓이를 쪼개서 붙이다 보면 우리가 넓이를 구할 수 있는 사각형이나 삼각형의 모양으로 만들 수 있 겠죠? 그래서 이 도형을 쪼개서 각각의 넓이를 구했습니다.

우선 점 A와 B의 중점을 M이라고 하고 M에서 포물선으로 수직인 선을 그어 만나는 점을 C라고 했을 때 삼각형 ABC를 포물선에서 빼냅니다.

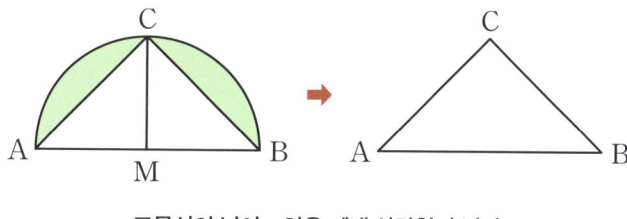

포물선의 넓이 > 처음 빼낸 삼각형의 넓이

아직 포물선의 넓이와 삼각형의 넓이를 뺀 도형의 넓이가 같지 않죠? 그래서 남은 부분에서 삼각형을 또 빼내기 위해 선분 AM과 BM의 중점 N, L에서 포물선에 수직인 선을 그어 만난 점 D, E에서 삼각형을 그려서 또 넓이를 빼냅니다. 이때, 포물선의 성질에 의해 두 번째로 뺀 2개의 삼각형의 합은 처음 빼낸 삼각형의 넓이의 $\frac{1}{4}$배입니다.

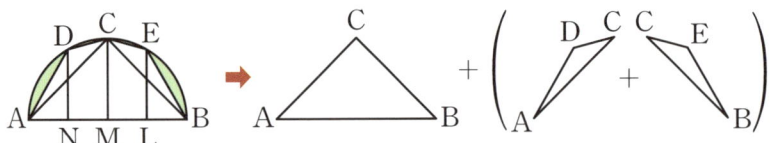

포물선의 넓이＞처음 빼낸 삼각형의 넓이＋두 번째 빼낸 삼각형의 넓이

이렇게 반복해서 포물선의 넓이를 모두 빼내면 빼낸 삼각형의 넓이는 포물선의 넓이와 같게 됩니다.

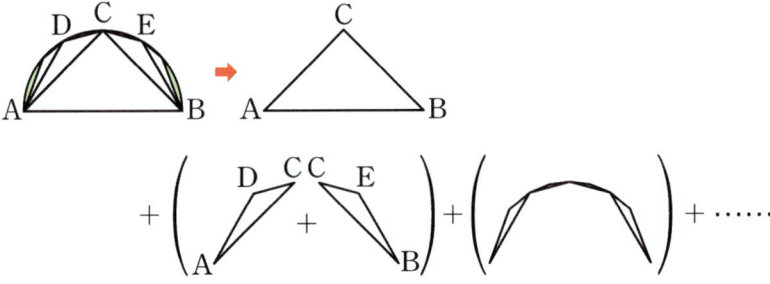

포물선의 넓이＞처음 빼낸 삼각형의 넓이＋두 번째 빼낸 삼각형의 넓이
＋세 번째 빼낸 삼각형의 넓이＋……

이때, 빼내는 삼각형의 넓이는 그 전에 뺀 삼각형의 넓이의 $\frac{1}{4}$이 되므로 삼각형 ABC의 넓이를 a라고 하면 포물선의 넓이는 $a+\frac{1}{4}a+\left(\frac{1}{4}a\right)\times\frac{1}{4}+\cdots\cdots$이 되겠지요.

이렇게 도형의 부분을 빼내서 구하는 방법을 소모법이라고 하는데 삼각형을 빼내서 무한히 더해야 하므로 무한급수를 사용해야 했습니다. 하지만 그 당시에는 무한이라는 것을 다루지 않았기 때문에 무한급수에 대한 수학적 내용을 알지 못해서 넓이를 구하는 것이 쉽지 않았습니다. 그래서 이것에 대한 연구가 이루어졌고 16세기 스테빈이 극한 개념을 사용해 넓이나 부피를 구하려고 하면서 미적분학이 발달하게 됩니다. 미적분학이란 도형을 아주 잘게 쪼개고 무한히 더해 가면서 구하는 것을 연구하는 학문입니다. 하지만 이것을 연구하면서 수학자들은 '아주 작은 양이란 어떤 양을 말하는 것일까?', '수없이 많은 조각에서 이 조각의 수는 얼마나 되는 것일까?'라는 고민에 빠졌습니다. 아주 작은 양이지만 0은 아닌 양인 무한소와 한계가 없이 무한히 큰 수인 무한대가 무엇인지에 대한 의문은 몇 세기 동안 수학자들을 괴롭힙니다. 천재 수학자로 알려진 가우스조차 수학적인 것이 아니라고 부정할 정도였으니까요.

그래서 수학자들이 선택한 방법은 골치 아프게 무한의 존재 여부를 생각하지 않으면서 무한수열, 실수의 집합, 자연수의 집합을 사용하는 것이었습니다.

 하지만 나는 해석학을 연구하면서 무한에 대해 정확하게 짚고 넘어가야 한다고 생각해서 연구에 들어갔습니다. 우선 나의 연구 방향을 크게 두 가지로 나누었습니다.

 첫 번째는 '실수가 무엇인지 논리적으로 정의해 보자.'는 것이었고, 두 번째는 '극한 개념, 수렴, 발산, 미분과 적분의 가능성을 실수 체계를 이용해서 정의해 보자.'는 것이었습니다.

 이렇게 두 부분으로 나누어 이루어진 계획을 수학자 클라인은 '해석학의 산술화'라고 부릅니다. 이것이 성공하면 모든 해석학이 실수 체계로 유도됩니다. 또한 실수 체계는 유클리드 기하학의 근거도 될 수 있기 때문에 이 두 연구의 성공을 위해 나뿐만 아니라 많은 사람들이 열성적으로 연구에 돌입하였습니다. 결국 실수 체계는 완벽하다(모순이 없다)는 것을 발견하였고 실수보다 더 기본적인 자연수도 정의되면서 연구는 더욱 가속화되었습니다. 이 연구에서 나는 '입실론ε-델타δ'법을 도입하면서 극한의 개념을 아주 엄격하게 만들었답니다.

수열의 극한에서 $n \to \infty$일 때 $a_n \to a$이면 수열 $\{a_n\}$은 극한 값 a에 아주 가까워진다고 했죠? 나는 이것을 입실론ε을 이용해서 나타냈습니다. 이전에 사용하였던 '원하는 만큼 작게 하면', '한없이 가까워진다'라는 모호한 말 대신에 입실론ε을 이용해서 나타내는 방법을 만든 것입니다.

임의의 $\varepsilon > 0$에 대하여 적당한 자연수 N이 존재하여, $n > N$인 모든 자연수 n에 대하여 $|a_n - a| < \varepsilon$일 때, 수열 $\{a_n\}$이 a에 수렴한다고 한다.

말이 어렵죠? 처음 대학에 들어와서 이것을 접하는 학생들도 처음에는 어리둥절해하면서 이해를 못 한답니다. 하지만 잘 생각하면 아주 쉬워요. 무한수열 $\{a_n\}$의 극한 a를 표현한 나의 방법을 자세하게 설명할게요. 우선 수열의 극한을 생각해 봅시다. 수열의 극한에서 $n \to \infty$라는 것은 n이 아주 큰 수라는 것을 나타내기 위해서 '적당한 자연수 N이 존재하여, $n >$ N인 모든 자연수 n'이라는 말을 사용했어요. 즉, 수열 $\{a_n\}$의 항의 순서를 나타내는 n이 적당한 N보다 크다고 한 것이에요. 이 말을 설명하기 위해 우선 적당한 N을 가지고 와야 해요. 여러분이 적당한 N을 말해 볼래요?

"저는 1억이요."

수열 $\{a_n\}$의 항의 순서를 나타내는 n이 적당한 N보다 크므로 더 뒤에 a_n의 순서는 1억 번째보다 뒤에 있는 것이랍니다.

"저는 100간澗이요."

첫 시간에 배운 큰 숫자의 단위를 기억하고 말했군요. 하지만 내가 표현한 방법에서 n은 N보다 크므로 여러분이 말한 100간째보다 a_n의 순서는 뒤에 있는 것이랍니다. 여러분이 어떤 숫자를 말해도 그것보다 더 뒤에 있는 항이므로 n은 어떤 자연수보다도 큰 숫자, 즉 무한히 커지고 있는 항의 순서를 말한답니다.

이렇게 무한히 큰 순서의 항 a_n을 가지고 오면 극한 a와의 차이는 ε보다 작아야 합니다. 여기서 ε은 임의의 수로 0.1,

0.00001 등 어떤 수든지 다 될 수 있는 크기가 아주 작은 양수입니다. 이것을 식으로 나타낸 $|a_n - a| < \varepsilon$은 극한 a의 근방에 항의 순서가 N보다 큰 수열이 모두 모여 있다는 것으로, ε만 한 크기의 원을 그리면 그 안에 N보다 큰 수열이 모두 들어 있게 됩

니다. 예를 들어 볼게요. $\lim_{n\to\infty} \dfrac{1}{n} = 0$이죠? 수직선 위에 수열의 수 $1, \dfrac{1}{2}, \dfrac{1}{3}, \cdots\cdots, \dfrac{1}{100}, \cdots\cdots, \dfrac{1}{9999}, \cdots\cdots, \dfrac{1}{987987987}, \cdots\cdots$ 을 나타내 보면 항의 순서가 뒤로 가면 갈수록 수열의 항들은 0의 근방에 모여 있게 됩니다.

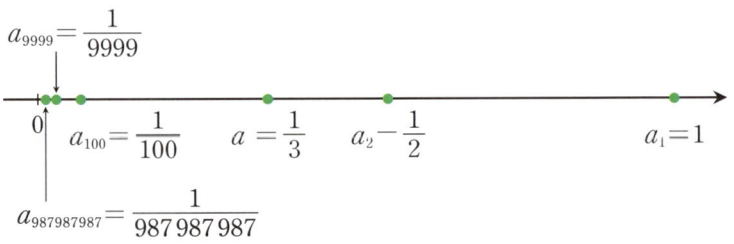

어떤 자연수보다도 큰 수 n과 어떤 작은 수도 다 될 수 있는 ε은 극한을 나타낼 수 있는 아주 강력한 기호인 것이죠. 이것뿐만 아니라 무한급수의 합 $\dfrac{1}{4} + \dfrac{1}{16} + \dfrac{1}{64} + \cdots\cdots$과 같이 무한개의 원소를 포함한 무한급수가 하나의 값을 가질 수 있다는 것을 알게 된 것도 나의 연구를 통해서였습니다. 내가 이것을 발표하진 않았지만 내 강의를 들은 린데만이나 하이네 같은 학생에 의해 알려지면서 나는 해석학의 기초를 다진 수학자라고 불리게 되었습니다. 나는 수를 이해하고 정의되지 않은 실수가 무엇인지 해석하고 이를 명확하게 만들고자 노력했습니다. 이와 같이 여러분도 아직은 알 수 없는 수학의 세계를 좀 더 정확하게 알아가려고 노력하고 수학과 친한 학생들이 되었으면 합니다.

수업 정리

나는 미적분학의 발달과 함께 무한소, 무한량의 개념을 명확하게 하기 위해 노력하였습니다. 그리하여 실수 체계를 명확하게 정의하였고, 극한의 개념을 확실하게 나타낼 수 있는 '입실론ϵ-델타δ'법을 발견하였습니다.

NEW 수학자가 들려주는 수학 이야기 74
바이어슈트라스가 들려주는 수열의 극한 이야기

ⓒ 나소연, 2009

2판 1쇄 인쇄일 | 2025년 10월 10일
2판 1쇄 발행일 | 2025년 10월 24일

지은이 | 나소연
펴낸이 | 정은영
펴낸곳 | (주)자음과모음

출판등록 | 2001년 11월 28일 제2001-000259호
주소 | 10881 경기도 파주시 회동길 325-20
전화 | 편집부 (02)324-2347, 경영지원부 (02)325-6047
팩스 | 편집부 (02)324-2348, 경영지원부 (02)2648-1311
e-mail | jamoteen@jamobook.com

ISBN 978-89-544-5319-6 44410
　　　978-89-544-5196-3 (세트)

• 잘못된 책은 교환해 드립니다.